ALÉM DAS EXPECTATIVAS: A Inspiração Transformadora de Jabez

ALÉM DAS EXPECTATIVAS: A Inspiração Transformadora de Jabez

Jamil de Azevedo Ribeiro

Miami, FL

2023

Copyright © 2023 Jamil de Azevedo Ribeiro

Todos os direitos reservados.

ISBN: 9798398079760

Editor: Alberto Matos

Categoria: Vida Cristã, Inspiração, Fé e Oração.

Contato com o autor:
Jamil Ribeiro
Telefone: + 1 (786) 620-8124
prja1000@gmail.com

Miami, FL
PRINTED IN THE UNITED STATES OF AMERICA

DEDICATÓRIA

A Deus, Criador de Jabez, de sua história e de seu exemplo para a minha vida e de todos aqueles que lerem a Bíblia Sagrada.

A todos os homens e mulheres, que embora não tendo o seu nome registrado em anais históricos reluzentes, mas o têm na memória divina. São pessoas simples, mas transformadas por Deus, que exercem fé e transformam o mundo!

AGRADECIMENTOS

À minha amada esposa Elzeli,
aos meus queridos filhos Pr. Heredes, Pr. Higor e Miss. Sarah Rebeca, às minhas noras Marcella e Ana, ao genro Paul e aos meus indescritíveis doze netos – uma grande bênção de Deus, são eles: Lucca, Levi, Phoenix, Nikolaiah, Theodore, Olivia, Gideon, Sophy, Amadeus, Amelia, Amos e Izzy.

SUMÁRIO

	Dedicatória	v
	Agradecimentos	vii
	Prefácio	xi
1	Quem era Jabez?	03
2	O que fez Jabez?	09
3	A quem Jabez dirigiu o seu clamor?	13
4	A oração de Jabez	17
5	Como Deus respondeu a oração de Jabez?	25
6	Respostas às minhas orações como as de Jabez	33
7	Deus e Seus mimos concedidos	43
8	Uma palavra pastoral	51
9	Conclusão	57
10	100 Benefícios sobre a oração	61
11	Sobre o autor	65

Prefácio

Bem-vindo ao livro "Além das Expectativas: A Inspiração Transformadora de Jabez". Neste livro, vamos mergulhar na vida de um personagem bíblico que nos ensina importantes lições sobre a busca por uma vida abundante e transformada pelo poder de Deus.

Você já sentiu que sua vida poderia ir além das expectativas que os outros têm para você? Jabez também experimentou essa sensação. Sua história, encontrada em 1 Crônicas 4:9-10, é um relato poderoso de como um homem, apesar de seu passado difícil e limitações, ousou acreditar que Deus poderia transformar sua vida.

Nas páginas deste livro, exploraremos as palavras de Jabez que se tornaram um grito de fé e confiança. "Aumenta as minhas fronteiras, abençoa-me e guarda-me do mal, para que não me sobrevenha aflição". Essas palavras simples, mas cheias de significado, revelam a postura de um homem que decidiu não se conformar com as circunstâncias ao seu redor, mas buscar algo maior.

À medida que nos aprofundamos na história de Jabez, descobrimos os princípios que ele aplicou em sua vida e como esses princípios podem impactar a forma como vivemos hoje. Ao longo deste livro, encontraremos reflexões inspiradoras, baseadas na Palavra de Deus, que nos desafiarão a sair da zona de conforto, a sonhar grandes sonhos e a buscar uma vida que vai além do comum.

Não importa qual seja sua história, suas lutas ou suas limitações, este livro é para você. Nele, você encontrará encorajamento para acreditar que Deus tem mais para a sua vida do que alguém jamais imaginou. Você descobrirá como a fé, a oração e a dependência de Deus podem abrir portas e permitir que você viva além das expectativas.

Que a jornada que iniciamos neste livro seja uma oportunidade para que você experimente a transformação e o poder de Deus em sua vida. Que a história de Jabez inspire você a buscar mais de Deus, a confiar em Seu amor e a viver uma vida além das expectativas.

Prepare-se para ser desafiado, encorajado e inspirado. Estamos prestes a embarcar em uma jornada de descoberta e crescimento espiritual. Que este livro seja uma bênção em sua vida e que você encontre em suas páginas a inspiração transformadora que Jabez encontrou ao buscar a face de Deus.

Que Deus lhe abençoe ricamente nesta jornada!

1 Crônicas 4:9-10

Foi Jabez mais ilustre do que seus irmãos.

A sua mãe lhe dera o nome de Jabez, dizendo: Com dores o dei à luz.

Jabez clamou ao Deus de Israel: Oxalá que me abençoes e amplies o meu território!

Seja a tua mão comigo, e me preserves do mal, de modo que eu seja livre da dor.

E Deus lhe concedeu o que lhe tinha pedido.

1
QUEM ERA JABEZ?

À primeira vista, ao que parece, Jabez não tem nada de especial que possa chamar atenção para a sua vida. É um nome que pouquíssimas vezes é mencionado na Bíblia.

Podemos até pensar e comparar com Elias, que era um homem sujeito às mesmas paixões que nós, que orou com fervor e Deus atendeu sua oração: *"Elias era homem sujeito às mesmas paixões que nós e, orando, pediu que não chovesse, e, por três anos e seis meses, não choveu sobre a terra"* - Tiago 5:17.

Da mesma forma, podemos dizer de Jabez. Ele era um homem igual a nós, sujeito às mesmas paixões. Embora, sendo alguém sujeito às paixões humanas que delimitam muitas vezes a qualidade de vida e a santidade, ele teve a sua oração respondida por Deus.

Não temos relatos de histórias de família, relatos de antepassados em sua genealogia cujas experiências com Deus fossem significativas e constantes para deixar marcas extraordinárias na vida de Jabez. Ou quem sabe, uma trajetória de vida de maneira que viesse a ser um nome de lembrança imediata ou um nome sempre constante em nossa mente.

Quem não se lembra imediatamente de Jonas quando se escuta a história daquele que foi tragado por uma "baleia" ou um grande peixe, na verdade? Quem não se lembra de David quando se ouve falar no gigante Golias? Quem não se lembra de Zaqueu quando escuta a história daquele que subiu em uma árvore para ver Jesus?

E assim com tantos outros homens e mulheres, que por intermédio de relatos bíblicos pertinentes a eles, nos trasladamos a tantas experiências com Deus, onde o poder, a graça e a misericórdia se tornam tão evidentes, que os trazemos na mente e, no coração, imediatamente. Praticamente quase não precisamos de esforço para lembrar e reviver essas experiências lidas nas páginas da Bíblia e extrair da mesma a mensagem, o ensino, a exortação, etc… da parte de Deus para nós.

Jabez não é tão popular assim. Nunca foi. Era um desconhecido completamente. Não se sabe de Jabez até que, repentinamente, aparece seu nome em uma lista de nomes estranhos no capítulo 4 do Primeiro Livro de Crônicas, especificamente no versículo 9: *"Foi Jabez mais ilustre do que seus irmãos. A sua mãe lhe dera o nome de Jabez, dizendo: Com dores o dei à luz"* - I Cron. 4:9.

A sua mãe nos concede neste versículo duas informações interessantes:

- **Que foi mais ilustre do que seus irmãos.**

Não temos detalhes ou informações sobre em que sentido Jabez se destacava de seus irmãos. Se em aparência, se em inteligência, se em estatura física, se em bondade, etc… não sabemos, mas, podemos imaginar que essa característica que o fez mais ilustre que seus irmãos, pode até ter sido, por exemplo, a ousadia, a coragem ou a fé que o levou a fazer sua ousada oração.

- **Que ela lhe deu o nome Jabez em virtude de o haver dado à luz com dores.**

Normalmente um parto é com dores. Não é nada novo. Deus já deu esta advertência desde o princípio: *"... em dor darás à luz filhos..."* - Gen.3:16. Porém, para que a mãe de Jabez escolhesse esse nome que significa dor, sofrimento, dizendo: Com dores o dei à luz, certamente, ou foi uma gestação das mais complicadas, ou o parto mesmo foi bastante complicado, com muitas dores, além do normal.

Um belo dia, em um caixa de supermercado, uma senhora com aparência e vestimenta própria das mulheres do Oriente Médio, ao atender-me, vendo meu nome no documento de identificação, perguntou-me se eu sabia o significado do meu nome.

Eu não perdi a chance e todo empolgado e cheio de mim, disse que meu nome significava "bonito". Ela confirmou e complementou que além de bonito, significa também simpático, agradável!

Eu procurei ser agradável e simpático com ela, para fazer jus ao meu nome, já que "bonito..." Bom, deixa para lá. Eu me divirto com isso, faço piadas, etc., mas, já pensou quanto sofreu Jabez com o seu nome? Carregando sempre essa marca, esse estigma de que foi um causador de dor, sofrimento e angústias.

Uma coisa triste para um filho é ver a mãe sofrer e muito mais ainda, com certeza, pensar que como filho foi o causador de tal sofrimento. Entre os amigos de infância, de adolescência e até mesmo na vida adulta... quanta vergonha e humilhação! Não existia o termo bullying na época, mas, certamente, Jabez deve ter sofrido muito bullying, ou seja, assédio moral.

Humildemente ouso pensar que isso tudo serviu de motivação para Jabez procurar por todos os meios ser diferente dos demais.

Não teria sido isso que serviu de inspiração para Jabez se tornar mais ilustre do que os seus irmãos? Quem sabe, esta é uma das possibilidades. Quando temos uma deficiência em nossa vida, buscamos superá-la!

O Apóstolo Paulo ainda não tinha escrito: *"E sabemos que todas as coisas contribuem juntamente para o bem daqueles que amam a Deus" – Rom. 8:28*. Embora, não estivesse escrito ainda por ele, mas, o princípio divino ativo desde o início quando os irmãos intentaram mal contra José e Deus transformou em bem, estava em operação! Deus já estava demonstrando que podia transformar todas as coisas más em coisas boas.

Jabez quis mudar sua história...Tomou uma atitude! Quando penso: Jabez, eu? Será que eu posso ser como Jabez? A atitude de Jabez pode ser uma atitude minha também? Eu posso agir como Jabez? Posso sim! Eu e você podemos fazer a mesma coisa. É uma questão de atitude, de decisão. Não ficar parado vendo a banda passar, como diz uma antiga canção.

Independentemente do que lhe aflige, do que incomoda a sua vida, do que causa dor ou constrangimento e você não encontra uma resposta, uma saída ou solução, você não pode se deixar levar pelo pensamento de que não tem mais jeito e, tem que se conformar e/ou aceitar como um castigo ou destino, ou coisa do estilo.

Muitas vezes, quando enfrentamos desafios aparentemente insuperáveis, podemos ser tentados a acreditar que estamos condenados a viver em sofrimento contínuo, aceitando isso como um castigo ou destino inevitável. No entanto, como cristãos, somos chamados a ter uma perspectiva diferente, uma visão baseada na fé e na confiança em Deus.

Não aceite este tipo de pensamento que tenta distrair você de encontrar algo melhor para a sua existência! É necessário refletir sobre a situação enfrentada e se aperceber de que não é isto o que queremos para a nossa vida. Isto já é um ponto de partida. Precisamos apenas disto, um ponto para iniciarmos a nossa jornada em busca de algo que irá fazer a diferença em nosso viver.

Mesmo que pareça haver uma distância considerável entre o lugar em que estamos e o nosso destino, aonde queremos chegar, não devemos nos amedrontar e pensar em todo o caminho que temos para percorrer. Basta apenas sabermos dar um passo de cada vez. O importante é o próximo passo, o próximo degrau. Ninguém sobe uma escadaria de duzentos e cinquenta e quatro degraus pelo último degrau ou por um dos degraus do meio dela, mas pelo primeiro. Vencendo, pouco a pouco, um degrau de cada vez, a longa jornada que tem pela frente.

E assim é a vida. Não podemos nos deixar ser apavorados pelo tamanho das proezas que teremos para vencer durante toda a nossa jornada, mas devemos focar no próximo passo. Será vencendo os próximos degraus que iremos somar e conquistar toda a distância que temos para percorrer. Não desanime! Não hesite! Não se apavore! Não se deixe impressionar pelas circunstâncias ou pelo que aparenta ser. Às vezes, ampliamos o tamanho dos gigantes com os quais lutamos. Entretanto, o Deus que mudou a história de Jabez é bem maior do que eles. Podemos fazer como Jabez e mudar a nossa história, invocando a intervenção divina.

Não sejamos pessimistas, se houve uma solução para Jabez, haverá também uma solução para a nossa vida!

2
O QUE FEZ JABEZ?

Jabez orou. Jabez clamou! Jabez intercedeu! Com certeza Jabez tinha conhecimento do Deus de Israel mesmo que apenas por meio de relatos que ouvira dos antepassados. Ele conhecia o Deus dos milagres, o Deus das vitórias sobre inimigos cruéis, o Deus do sobrenatural. Talvez Jabez até tenha pensado: "Não tenho nada a perder, pior que está não vai ficar. Não me custa nada apresentar-me diante do Deus dos nossos antepassados e pedir."

Era só arriscar e, o mínimo que pudesse acontecer, seria lucro na certa. Mas, quando vemos que a Bíblia diz que Jabez clamou ao Deus de Israel, não é difícil de entender que foi mais que um simples arriscar, mais que um simples pedido dentro da linha popular de pensamento "seja o que Deus quiser".

De acordo com o dicionário, clamar é pedir com insistência, suplicar, proferir em voz alta, protestar intensamente. Com um detalhe muito significativo: Com confiança!

Em 1 Crônicas 5:20 vemos o relato da vitória dos

descendentes de Rúben sobre os hagarenos. Diz o texto que eles clamaram a Deus e Deus lhes deu ouvidos porque confiaram n'Ele. *"Pediram a ajuda de Deus e confiaram nele, e por isso ele respondeu às suas orações e lhes deu a vitória sobre os hagaritas e os seus aliados"* - *1 Crônicas 5:20.*

No dia 09 de março de 2018 fomos surpreendidos com uma notícia bastante trágica. Nosso filho mais velho, Héredes, foi internado em emergência no hospital local. Qual a razão deste internamento hospitalar? Da noite para o amanhecer ele tinha perdido total o comando sobre o seu corpo. Amanheceu completamente paralisado! Totalmente imóvel! O corpo não respondia ao comando do cérebro em nada. Um simples movimento nos seus dedos não se via. Movimentar as mãos, braços, pernas, etc., nada se mexia! Foi diagnosticado com Síndrome de Guillain Barré.

Admitindo minha ignorância, pois nunca tinha ouvido sobre isso antes, fui às pesquisas no Google, onde as respostas são rápidas e, nesse caso, não foram nada animadoras. Fui impactado com as informações e elas mexeram com a minha mente e alma.

De um outro lado, o médico que o atendera, dizendo que em oito meses poderia iniciar um trabalho de fisioterapia para então pensar em começar a caminhar novamente. Confesso que neste momento não me lembrei de Jabez, mas, lembrei do Deus de Jabez, que é o Deus que conheço e a quem sirvo.

Desci ao andar térreo, fui até a capela, e ali, solitário, chorei, clamei, pedi com toda a força do meu coração pelo meu filho, confiando plenamente que o Deus Todo-poderoso, poderia muito bem contradizer a palavra do médico e transformar aqueles oito meses em segundos, minutos, horas, de acordo com a Sua vontade e para Sua glória.

Pensei em minha nora, meus netos, pequenos ainda, e em tudo o que poderia acontecer com esta situação de meu filho paralisado, imóvel sobre uma cama por oito meses. Orei, clamei e descansei no Senhor!

Para encurtar a história longa, em oito horas o Heredes caminhou. Naquela mesma noite já deu os primeiros passos, causando comoção no hospital, em toda a equipe de apoio, de enfermagem, etc. Foi um poderoso testemunho para honra e glória, unicamente, a Deus.

Posso agir como Jabez, eu? Posso sim e você também. É confiar e clamar com fé! *"Se me chamarem no dia da aflição, eu os livrarei, e vocês me louvarão"* - Salmos 50:15. *"Ele cumprirá o desejo dos que o temem; ouvirá o seu clamor e os salvará"* - *Salmos 145:19*. Clame com fé e confiança! Depois é só glorificar a Deus com todo júbilo em seu coração.

Clamar a Deus e ser ouvido por Ele é uma das grandes promessas e consolações que encontramos nas Escrituras Sagradas. Os Salmos 50:15 e 145:19 nos revelam a natureza amorosa e fiel de Deus em relação ao clamor dos seus filhos.

No Salmo 50:15, o salmista nos assegura que quando nos encontramos em meio à aflição e nos voltamos para Deus com um coração sincero, Ele nos livrará. Essa promessa nos traz conforto e confiança, pois podemos ter a certeza de que não estamos sozinhos em nossas lutas e dificuldades. Deus é aquele que ouve o nosso clamor e intervém em nosso favor, trazendo livramento e restauração. E quando experimentamos a libertação e o socorro de Deus, o nosso coração se enche de gratidão, resultando em louvor e adoração ao nosso fiel Salvador.

Já no Salmo 145:19, somos lembrados de que Deus

não apenas ouve o nosso clamor, mas também cumpre os desejos daqueles que o temem. Ele está atento às necessidades do seu povo e é capaz de agir em favor daqueles que confiam nele. Quando clamamos a Deus com temor e reverência, reconhecendo a sua soberania e dependendo da sua graça, Ele responde ao nosso clamor de acordo com a sua vontade perfeita. Deus é um Deus que salva, que atende as nossas súplicas e nos conduz à vitória.

Esses versículos nos convidam a confiar em Deus e a clamar a Ele em todas as circunstâncias. Não importa qual seja a nossa aflição, inquietação ou necessidade, Deus está pronto para nos ouvir e nos socorrer. Podemos nos aproximar d'Ele com confiança, sabendo que Ele é o nosso refúgio seguro e que nos ama com um amor inabalável. Que possamos, em todo momento, elevar a nossa voz a Deus, sabendo que Ele nos ouve e está disposto a agir em nosso favor. Que o nosso clamor seja acompanhado de fé e humildade, confiando que o nosso Pai celestial está sempre pronto para nos acolher e nos libertar.

3
A QUEM JABEZ DIRIGIU O SEU CLAMOR?

Aqui está algo que faz toda a diferença! Jabez não clamou a um deus qualquer, a nenhum dos deuses que certamente eram populares em sua época. Jabez não orou por orar! Ele não se dirigiu a qualquer deidade, a qualquer divindade. Não estava pensando em um espírito superior qualquer. Jabez clamou ao Deus de Israel.

Assim como Jabez, diante de quaisquer situações você pode dirigir o seu clamor com fé e confiança ao Deus de Israel. Ele ouvirá ao seu clamor, como ouviu o de Jabez!

O fato de Jabez ter sido específico e orado diretamente ao Deus de Israel, me faz pensar em algumas considerações importantes para aplicar em minha vida de oração, e que poderá ser útil para você também, querido leitor(a).

Que considerações são estas? Você pensou em alguma delas? Quero destacar realidades sobre a essência do Deus de Israel, porque a nossa confiança repousa sobre ela.

3.1. **Deus de Amor** - Jabez certamente sabia do amor de Deus. Certamente tinha conhecimento de uma maneira ou outra, do que Deus já havia feito por amor em favor do seu povo, Israel. *"Não vos teve o SENHOR afeição, nem vos escolheu porque fôsseis mais numerosos do que qualquer povo, pois éreis o menor de todos os povos, mas porque o SENHOR vos amava e..."*- Deuteronômio 7:7.

3.2. Deus Fiel -Este mesmo amor demonstrado na fidelidade, no cumprimento da promessa, livrando e resgatando o Seu povo, com mão poderosa da casa da servidão de Faraó. *"...para guardar o juramento que fizera a vossos pais, o SENHOR vos tirou com mão poderosa e vos resgatou da casa da servidão, do poder de Faraó, rei do Egito. Saberás, pois, que o SENHOR, teu Deus, é Deus, o Deus fiel, que guarda a aliança e a misericórdia até mil gerações aos que o amam e cumprem os seus mandamentos"* - Deuteronômio 7:8,9.

3.3. Deus Protetor - Naturalmente que Jabez devia ter ouvido de seus familiares, de seus ancestrais, das pessoas de sua época, de muitos acontecimentos de ordem sobrenatural, de muitos milagres que Deus havia realizado para com o povo de Israel. Certamente, deve ter vindo à sua lembrança fatos como por exemplo, quando o povo já livre das mãos de Faraó começou a rodear o caminho do deserto perto do Mar Vermelho, e nunca Deus os abandonou. Ao contrário, Deus guiava ao povo com coluna de nuvem durante o dia e coluna de fogo durante à noite. Nunca se apartando, assim, a presença de Deus, simbolizada pela nuvem e pelo fogo.

O que se tornou evidente e muito claro, o amor protetor de Deus, quando nessa caminhada, foram alcançados em Pi-Hairote pelo exército egípcio, e Deus, o Deus de Israel, dividiu as águas, os filhos de Israel passaram pelo meio do mar em seco e depois as águas se tornaram sobre os egípcios e sobre os cavaleiros. *"Assim o Senhor salvou a Israel naquele dia das mãos dos egípcios, e Israel viu os egípcios mortos na praia do mar. E quando Israel viu o grande poder que o Senhor mostrara aos egípcios, o povo temeu ao Senhor, e confiaram no Senhor e em Moisés, seu servo" - Êxodo 14:30-3.1*

3.4. **Deus Provedor** - Certamente não foi menos impactante para Jabez, quando em algum momento de sua vida, ouviu de alguém sobre a Palavra do Senhor para Moisés: *"Eu vos farei chover pão dos céus!" - Êxodo 16:4*. Como poderia ser isso? Que Deus seria capaz de fazer isso? Imagino quantas voltas deve ter dado este assunto em sua mente. Esta história está no capítulo 16 de Êxodo e eu recomendo que a leia, mas, para seguirmos nosso raciocínio sobre o Deus provedor, vejamos Êxodo 16:35: *Comeram os filhos de Israel maná quarenta anos, até que entraram em terra habitada; comeram maná até que chegaram aos termos da terra de Canaã.*

A visão que temos de Deus é fundamental para a forma como vivemos nossa vida. É através dessa visão que entendemos quem Ele é, como Ele age e qual é o propósito d'Ele para nós. Cada pessoa pode ter uma visão única de Deus, moldada por suas experiências, crenças e relacionamento pessoal com Ele.

A maneira como enxergamos Deus pode influenciar nossa perspectiva sobre nós mesmos, sobre o mundo ao nosso redor e sobre o propósito da nossa existência. Se vemos Deus como um Deus amoroso e misericordioso, isso nos traz segurança e confiança em Seu cuidado por nós. Por outro lado, se tivermos uma visão distorcida de Deus, baseada em medo ou culpa, isso pode nos levar a viver uma vida cheia de preocupações e autocondenação.

É importante refletir sobre a nossa visão de Deus e buscar conhecê-Lo mais profundamente através de Sua Palavra e de um relacionamento íntimo com Ele. Quanto mais nos aproximamos de Deus, mais entendemos Sua natureza amorosa, Seu caráter justo e Sua fidelidade inabalável. Essa visão nos capacita a confiar n'Ele plenamente e a entregar nossas vidas em Suas mãos.

A visão que temos de Deus também afeta nossa perspectiva sobre o propósito da nossa vida. Se o vemos como um Deus que nos criou com um propósito único e nos capacita com dons e talentos especiais, somos encorajados a viver uma vida de significado e buscar cumprir a Sua vontade. Essa visão nos motiva a buscar uma vida alinhada aos Seus planos, buscando servir e abençoar os outros.

Portanto, é fundamental que tenhamos uma visão clara e correta de Deus em nossa vida. Uma visão baseada em Seu amor, graça e fidelidade. Essa visão nos permite viver uma vida cheia de confiança, propósito e esperança, sabendo que temos um Deus que nos ama incondicionalmente e que está sempre ao nosso lado, guiando-nos em cada passo da nossa jornada. Que possamos buscar conhecer a Deus cada vez mais e permitir que Sua visão transforme nossa vida de forma profunda e significativa.

A visão que Jabez tinha acerca de Deus o direcionou a buscar na Pessoa certa a solução para o problema que possuía. Que coisa gloriosa, com um Deus amoroso, fiel, protetor e provedor, a quem mais se dirigiria Jabez para apresentar seu clamor, sua petição? Claro que ao Deus de Israel. O mesmo Deus, o Deus de Israel a quem Jabez se dirigiu, se encontra somente a uma oração de distância de cada um de nós. Ore como Jabez, com fé em um Deus de amor, um Deus fiel que protege e que provê para todas as áreas de nossa vida.

4
A ORAÇÃO DE JABEZ

Agora vamos ver como Jabez orou. Será que podemos orar assim também? Claro que sim! Assim como o Senhor Jesus nos ensinou a orar com a oração do Pai Nosso, usando-a como uma oração modelo, devemos usá-la como tal, modelo de nossa conversação com Deus, de nosso relacionamento com Deus. Desta mesma forma, podemos usar a oração de Jabez, e devemos usá-la de igual maneira. Não necessariamente como uma repetição de palavras memorizadas, mas com a devida compreensão de seu significado e conteúdo.

Vejamos a oração de Jabes de maneira um pouco mais detalhada:

4.1. Oxalá que me abençoes - Muitos de nós, em nossa cultura religiosa, e geralmente levado pela tradição familiar, fomos ensinados a pedir a benção para nossos pais, para nossos avós, tios, padrinhos, etc. Eu me lembro de uma ocasião ver meu pai pedindo a benção para o seu padrinho. Ele, o padrinho, parecia que não estava em um bom momento, porque disse um "Deus te abençoe" não com muito boa cara que se diga, com uma certa dose de braveza, mal humor. E o gesto de passar a mão por cima das duas mãos juntas do afilhado, que no caso aqui era o meu pai, o padrinho o fez com a mão esquerda e sem nem olhar para o rosto do afilhado.

Eu me lembro muito bem, apesar de ser bem criança, uma vez que esse acontecimento gerou comentários entre dentes e risos dissimulados, entre meu pai e meus tios que estavam presentes nesse momento. Na medida que fui crescendo, sempre fiquei pensando nesse assunto de transmitir a bênção de Deus. Não é tão simples e fácil dizer um "Deus te abençoe". É necessário estar em plena e muito boa comunhão com Deus. Mas este é outro assunto, vamos voltar agora para Jabez.

Jabez começou pedindo a benção de Deus. O que ele tinha em mente? O que ele esperava de Deus quando pediu que fosse abençoado? Com certeza não foi por simplesmente cumprir com uma tradição familiar dentro de uma cultura religiosa. Jabez tinha muito bem claro em sua mente e coração, o que era ser abençoado por Deus. Por isso clamou ao Deus de Israel para que fosse abençoado.

Você, querido leitor, quando pensa em ser abençoado por Deus, no que está pensando? Quando em sua oração pede para que Deus derrame as bençãos dos céus, o que realmente está pedindo?

O escritor e professor de teologia Daniel Conegero, em seu artigo na página web EstiloAdoração[1] nos dá uma excelente explicação sobre o que significa benção na Bíblia:

"No Antigo Testamento a palavra bênção geralmente traduz o hebraico berakhak, que pode significar algo como "bênção", "fonte de bem/bênção", "prosperidade", "louvor

---

[1] https://estiloadoracao.com/o-que-e-bencao/

de Deus", "presente" e "acordo de paz".

Essa palavra aparece em muitas passagens bíblicas se referindo à concessão de bem (Dt. 11:26; Pv. 10:22; Is. 19:24) e muitas vezes contrastando com a maldição (Gn. 27:12; Dt. 11:26-28; 23:5; 28:2; 33:23). Esse termo também é utilizado para se referir a uma fórmula de palavras que invoca coisas boas, e que constitui propriamente uma "bênção" (Gn. 27:36; 38:41; Dt. 33:1).

No Novo Testamento a palavra bênção é usada para traduzir o grego *eulogia*, que pode significar "louvor", "gratidão", "invocação de benção", "consagração", "benefício", "discurso elegante" e outros. Esse termo é utilizado no Novo Testamento tanto para se referir à invocação de bênçãos (Tg. 3:10), como ao bem material no sentido de generosidade (2 Co. 9:5) e o bem espiritual transmitido pelo Evangelho (Ef.1:3).

Com certeza que Jabez tinha bem claro esse conceito, e quando pediu a benção do Deus de Israel, sabia para quem e o que estava pedindo. Você, leitor amado, pode orar como Jabez também, pedindo a benção que Deus tem preparado para você.

4.2. E amplies o meu território - Em que estaria pensando Jabez quando clamou ao Deus de Israel para que seu território fosse ampliado? Ampliação nos traz claramente a ideia de aumento, de crescimento. De algo que pode se tornar maior. A etimologia da palavra território nos mostra que vem do latim *territorium*, que significa *"área delimitada, terra sob jurisdição"*.

Isso nos leva a pensar que Jabez já era proprietário de alguma área de terras, ou seja, já tinha sua propriedade e estava pedindo para Deus que a tornasse maior, haja visto que ele menciona *"o meu território"*.

Nas mais variadas versões da Bíblia encontramos claramente essa ideia. Vejamos alguns exemplos:

- "Ó Deus, abençoa-me e dá-me muitas terras. Nova Tradução na Linguagem de Hoje 2000
- "Ah, abençoa-me e aumenta as minhas terras! Nova Versão Internacional
- Que me abençoes e me alargues as fronteiras, Almeida Revista e Atualizada

Terras eram sinônimos de produtividade. Oportunidades de produtividade. Produtividade no cultivo de plantas e sementes, ou seja, produção agrícola. Produtividade na pecuária, produzindo alimentos também com os rebanhos. Jabez não queria continuar onde estava. Queria ser e fazer mais do que estava fazendo. Queria mudar a sua história.

Nada de seguir sendo conhecido como o causador da dor. E nada melhor que se tornar um grande produtor, provedor e marcar a diferença em sua época. E quem sabe, passar a ser conhecido como abençoador. E o caminho mais curto e rápido era exatamente que tivesse a oportunidade de expandir o seu território. Certamente que a oração de Jabez, além de oportuna, foi uma oração inteligente também.

Caro leitor, pensando que nosso viver não é obra do acaso e, sim um plano bem definido e detalhado, com um propósito claro do nosso Criador, para que sejamos instrumentos de bênçãos, esta oração de aumentar nosso território, não necessariamente precisa estar relacionado com terras. Mas bem, aplica-se muito bem em pedir para que Deus aumente sua capacidade de produzir mais, de fazer mais, de prover mais, de abençoar mais e mais por meio do que Deus mesmo lhe chamou para fazer, de acordo com os dons, habilidades e capacidade que Deus mesmo deu para você.

No que você está fazendo agora, tenho plena certeza de que Deus pode lhe levar a lugares além de onde você está, além de onde você já esteve e fazer com que seja muito mais influente, produtivo, abençoador, fazer muito mais do que você pode pensar e imaginar. Não deixe que o comodismo, o complexo de inferioridade e até mesmo o medo de mais responsabilidade mantenha você estagnado. Que o exemplo de Jabez nos estimule a orar tal qual ele orou também pedindo a mão de Deus sobre nossa vida.

4.3. Seja tua mão comigo - Quando eu era ainda criança, cresci e fui criado na roça. Acompanhei por uns bons anos, bem de perto, o que é o ciclo do plantio e colheita. Meus pais, entre outros cultivos, cultivavam chá, mandioca, arroz e feijão. E todas as vezes que chegava a temporada da colheita do chá, arroz e feijão, assim como de arrancar a mandioca para fazer a farinha, era já de costume o meu pai sair e pedir aos sitiantes vizinhos "uma mão" para poder fazer a colheita a tempo.

Aliás, era prática comum e costumeira entre todos os produtores daquela localidade. Ali era chamado de mutirão. No final do dia, ou da jornada, que às vezes eram mais dias, se oferecia um grande jantar, uma mesa farta com muita comida e para fechar com chave ou broche de ouro, se contratava um sanfoneiro e então todos iam para o baile. Mas, voltando ao assunto de "dar uma mão", talvez, você mesmo já tenha enfrentado uma situação de ter que fazer algo e não podendo fazer sozinho, pediu a um amigo: "Ei... dá uma mão aí?" Em outras palavras, isso é estar pedindo ajuda para algo que você sozinho não pode solucionar.

Jabez sabia com quem estava conversando, ou seja,

para quem ele estava pedindo em oração, as bênçãos dos céus e a ampliação do seu território. Sabendo que Deus não iria falhar, ele sabia que sua área de ação, de produtividade, de influência, seria imensamente maior e que certamente sua capacidade não chegaria para tanto.

Nada mais oportuno que neste momento de Jabez se expressar dizendo, como diríamos a um amigo chegado "dá uma mão, ajuda-me porque sozinho não vou conseguir". Jabez sabia que o que o esperava era grande demais para ele. Ele sabia que a presença de Deus era fundamental em sua vida nessa caminhada. Jabez sabia que o poder de Deus em sua vida era imprescindível. Inclusive podemos dizer que é uma questão de humildade, o fato de reconhecer nossas limitações. Algo que eu e você devemos saber, é que existe um limite até onde podemos chegar, devemos saber quais são as nossas limitações. E ainda assim, devemos reconhecer que até onde nós conseguimos chegar é por pura graça e misericórdia de Deus mesmo.

Para seguir em frente quando "nosso território" é ampliado, é imprescindível a mão de Deus conosco, e humildemente deixar-nos ser guiados por Ele. E ser guiado por Deus é a garantia de não cometer erros, de não cometer equívocos, de ter proteção, vencer os inimigos, de alcançar resultados nunca antes imaginados. A mão de Deus sobre nós é sinal de sucesso, de bons resultados sempre.

Um caso igual e interessante, nós podemos ver na vida de Esdras. *"Este Esdras subiu de Babilônia; e era escriba hábil na Lei de Moisés, dada pelo Senhor, Deus de Israel; e, segundo a mão do Senhor, seu Deus, que estava sobre ele, o rei lhe deu tudo quanto lhe pedira. Também subiram a Jerusalém alguns dos filhos de Israel, e dos sacerdotes, e dos levitas, e dos cantores, e dos porteiros, e dos netineus, no ano sétimo do rei Artaxerxes. E, no mês quinto, veio ele a Jerusalém; e era o sétimo ano desse rei. Porque, no primeiro dia do primeiro mês, foi o princípio da sua subida de Babilônia; e, no primeiro dia do quinto mês, chegou a Jerusalém, segundo a boa mão do seu Deus sobre ele"* - Esdras 7:6-9.

O sucesso de Esdras é resultado da mão de Deus: *"E que estendeu para mim a sua beneficência perante o rei, e os seus conselheiros, e todos os príncipes poderosos do rei. Assim, me esforcei, segundo a mão do Senhor sobre mim, e ajuntei dentre Israel alguns chefes para subirem comigo"* - Esdras 7:28.

"E também uma carta para Asafe, guarda da floresta do rei, para que ele me forneça madeira para construir as vigas das portas da fortaleza que fica junto à Casa, e para os muros da cidade, assim como para levantar a residência que irei ocupar. Visto que a generosa mão de Deus estava me abençoando neste sentido, o rei atendeu todos os meus pedidos. Então lhes declarei como a mão do meu Deus me fora favorável, como também as palavras do rei, que ele me tinha dito..." - Neemias 2:8,18.

Querido leitor, não resta dúvida nenhuma que é de grande sabedoria e sumamente importante permear nossa vida, nosso diário viver sob a potente e amorosa mão do Senhor, do Deus de Israel. Sem dúvidas é certeza de êxito, é certeza de vitória.

4.4. E me preserves do mal, de modo que eu seja livre da dor – Clinicamente, a dor é sinal de alerta, de algo que não está bem, é um sinal de que precisamos tomar algumas providências para corrigir o mal que está causando a dor, mas na verdade, não gostamos da dor. O sonho nosso de cada dia é exatamente isso, livramento de tudo o que é mal, de tudo o que pode provocar dor; o que no final das contas o que queremos mesmo é o livramento da dor.

Na oração modelo de Nosso Senhor, a Oração do Pai Nosso, está incluída esta tão importante petição: *"livrai-nos do mal, Amém!"* Jabez sabia muito bem o significado de dor. Tinha experiência na casa, na família, na pessoa de sua mãe.

Fosse a dor física, a dor da humilhação, Jabez tinha conhecimento do que se tratava. E por experiência própria, então, agora, pedia ao Senhor que o livrasse de qualquer mal que pudesse causar dor.

Amado leitor, você há de concordar comigo que o mundo em que vivemos já é mal por si mesmo. Estamos sendo atacados por uma força do mal que quer ver a destruição de toda a obra da criação maravilhosa de Deus. E é natural, é de se esperar que o homem seja o primeiro da lista a ser atacado, pois é a coroa da obra da criação de Deus.

De maneira que eu e você precisamos incluir em nossas orações a petição de que sejamos preservados do mal, de que tenhamos o livramento da dor, orar pedindo que os anjos do Senhor continuem acampados ao nosso redor, como vemos no Salmo 34:7: *"O anjo do Senhor acampa-se ao redor dos que o temem, e os livra."*

5
COMO DEUS RESPONDEU A ORAÇÃO DE JABEZ?

Orar a Deus é algo que deve ser feito de maneira inteligente. É necessário pedirmos ao Senhor que nos guie em Sua vontade. Precisamos contar com o auxílio do Espírito Santo, pois não sabemos pedir como convém, muitas vezes. Que sejamos guiados pelo Senhor em nossas petições assim como Jabez o foi. E que possamos ter respostas de Deus em relação às nossas orações. Vejamos como Deus respondeu às orações de Jabez.

5.1. Oxalá que me abençoes - Jabez pediu para ser abençoado. E o foi. Não sabemos exatamente o que tinha Jabez em mente quando pensava em benção, mas como vimos anteriormente, benção é esperar o bem de Deus para nossa vida. Jabez recebeu. Jabez recebeu o bem de Deus, o favor de Deus.

Jabez, ao clamar a Deus com um coração sincero e humilde, expressou seu desejo de ser abençoado. Ele reconheceu que a verdadeira fonte de bênção está em Deus e, confiando nisso, lançou seu pedido diante do Senhor. A palavra "oxalá" utilizada por Jabez expressa sua sincera esperança e anseio por receber as bênçãos divinas.

Embora não tenhamos conhecimento exato das especificidades das bênçãos que Jabez buscava, podemos afirmar que ele não estava buscando apenas bênçãos materiais ou superficiais. Sua petição refletia a compreensão de que a verdadeira benção provém da vontade de Deus para sua vida. Jabez buscava o bem-estar, a prosperidade e a proteção que vêm de estar alinhado com o propósito e a vontade de Deus.

E o que vemos é que Jabez recebeu a resposta às suas orações. Deus concedeu-lhe o que ele pediu. Jabez experimentou o favor e a bondade de Deus derramados sobre sua vida. Essa resposta divina nos ensina que Deus está disposto a abençoar aqueles que o buscam sinceramente, que confiam em seu amor e têm fé em sua fidelidade.

A história de Jabez nos encoraja a buscar a bênção de Deus em todas as áreas de nossa vida. Assim como ele, também podemos orar com fé e esperança, confiando que Deus nos concederá o melhor de acordo com a sua vontade. Devemos estar dispostos a nos alinhar com os propósitos de Deus, confiando que Ele é o nosso provedor e protetor.

Ao olharmos para a vida de Jabez, somos inspirados a buscar a bênção de Deus em todas as circunstâncias. Que possamos seguir seu exemplo, buscando a vontade de Deus em nossas vidas e confiando que Ele nos abençoará abundantemente. Que, como Jabez, possamos experimentar a manifestação do favor e da bondade divina em cada área de nossa existência.

5.2. E amplies o meu território! - Da mesma forma teve seu território ampliado. Quer tenha sido em âmbito territorial, literalmente falando, ou no âmbito de área de atuação, de influência, etc. Jabez foi agraciado em sua petição.

Quando Jabez clamou a Deus para ampliar seu território, não limitou seu pedido apenas a uma extensão física de terras. Sua petição ia além disso, abrangendo uma ampliação em sua área de atuação, influência e impacto. Ele ansiava por ser usado por Deus de maneira mais abrangente e eficaz.

A resposta de Deus a essa petição é um exemplo claro de como o Senhor deseja expandir o território de nossas vidas. Ele não apenas abriu caminhos para Jabez se estabelecer em novas áreas geográficas, mas também lhe concedeu oportunidades para crescer em seu ministério, influência e testemunho.

Assim como Jabez, também podemos clamar a Deus para que amplie nosso território. Podemos pedir a Ele para expandir nossos horizontes espirituais, emocionais e profissionais, permitindo-nos alcançar mais pessoas, impactar vidas e cumprir nossos propósitos divinos. Deus está pronto para nos conceder uma área maior de influência e nos capacitar a realizar coisas grandiosas em seu nome.

No entanto, é importante ressaltar que a ampliação do território não é uma busca egoísta por poder ou prestígio. É um pedido que deve estar alinhado com a vontade de Deus e ser conduzido por um coração dedicado ao serviço e à glória do Senhor. Devemos estar dispostos a assumir a responsabilidade e os desafios que vêm com um território expandido, sempre buscando a orientação de Deus em todas as nossas ações.

Ao contemplarmos a petição de Jabez e a resposta graciosa de Deus, somos encorajados a buscar uma expansão saudável e impactante em nossa vida. Que possamos clamar a Deus por uma ampliação de nosso território, confiando que Ele nos capacitará e nos guiará em cada passo do caminho. Que a nossa busca por um território ampliado seja sempre acompanhada de humildade, dedicação e serviço ao Reino de Deus.

5.3. Seja a tua mão comigo - Certamente que na medida em que a vida de Jabez foi tomando relevância em seu contexto, aumentando sua responsabilidade pelo grau de sua influência, por tudo o que Deus já estava fazendo, Jabez necessitava que a boa mão do Senhor fosse com ele.

À medida que Jabez testemunhava o crescimento de sua vida e influência, ele reconhecia a necessidade crucial da presença e orientação contínua de Deus. Ele clamou para que a mão do Senhor estivesse com ele em cada passo do caminho. Essa petição revela a dependência profunda de Jabez em relação ao cuidado e à direção divina.

Jabez entendia que, à medida que sua vida se expandia e sua influência aumentava, ele enfrentaria desafios e adversidades que exigiriam a intervenção direta de Deus. Ele não queria caminhar sozinho ou confiar em suas próprias forças. Em vez disso, ele buscava a presença do Senhor, reconhecendo que somente com a mão de Deus ao seu lado ele seria capaz de lidar com as situações que surgissem.

A mão de Deus é um símbolo poderoso de sua proteção, provisão e direção. Quando Jabez clamou por essa mão divina em sua vida, ele estava expressando sua confiança de que somente Deus poderia guiá-lo com sabedoria e capacitar para cumprir seus propósitos.

Da mesma forma, em nossa jornada cristã, enfrentamos desafios, incertezas e momentos em que a responsabilidade parece esmagadora. Nesses momentos, assim como Jabez, devemos lembrar de clamar pela mão de

Deus. Precisamos reconhecer nossa dependência dele e buscar sua presença constante em nossa vida.

Ao pedir pela mão de Deus conosco, reconhecemos que nossa força e capacidade vêm dele. É um lembrete humilde de que precisamos confiar em sua sabedoria e direção, e não em nossa própria compreensão limitada. É uma expressão de submissão e entrega à vontade e ao propósito de Deus em nossa vida.

Que possamos seguir o exemplo de Jabez e clamar pela mão de Deus em nossa jornada. Que busquemos sua presença constante e nos rendamos ao seu cuidado amoroso. Ao fazê-lo, seremos fortalecidos, guiados e capacitados a enfrentar qualquer desafio que encontrarmos, sabendo que a mão do Senhor está conosco, conduzindo-nos em triunfo. E assim foi, como vimos que tudo o que pediu lhe foi concedido

5.4. E me preserves do mal, de modo que eu seja livre da dor - E naturalmente que pela resposta de Deus a sua oração, Jabez teve uma experiência de transformação de vida que podemos dizer que foi sobrenatural.

A resposta de Deus à oração de Jabez foi nada menos que extraordinária. Assim como ele pediu, Deus lhe concedeu bênçãos e ampliou seu território. Mas não parou por aí. Deus também atendeu ao clamor de Jabez para ser preservado do mal e livre da dor. Foi uma experiência de transformação de vida que vai além das expectativas humanas.

Quando Jabez confiou suas preocupações e desejos a Deus, ele abriu espaço para a intervenção divina em sua vida. A resposta de Deus foi um testemunho poderoso de seu amor e fidelidade. Jabez pôde experimentar em primeira mão o poder sobrenatural de Deus, que pode transformar circunstâncias adversas em oportunidades de crescimento e bênçãos abundantes.

A transformação de Jabez não foi apenas uma mudança superficial ou temporária. Foi uma transformação que afetou todas as áreas de sua vida, do físico ao emocional, do espiritual ao familiar. Ele experimentou a proteção de Deus contra o mal, a libertação da dor e a expansão de seu propósito e influência.

Essa experiência de transformação não foi reservada apenas a Jabez. Ela nos mostra o coração de Deus, que está pronto para nos abençoar e responder às nossas orações quando nos aproximamos dele com fé e humildade. A resposta de Deus a Jabez é um lembrete poderoso de que nosso Deus é capaz de realizar o sobrenatural em nossas vidas.

Que possamos aprender com a história de Jabez e confiar em Deus para nos transformar. Quando nos entregamos a Ele e buscamos Sua vontade, podemos experimentar a manifestação de Seu poder em nossas vidas. Assim como Jabez, podemos clamar a Deus e confiar que Ele nos concederá além do que podemos imaginar, levando-nos a uma vida plena, livre da dor e repleta de bênçãos divinas.

Creio que Jabez passou a experimentar uma nova vida sob a proteção divina, sendo preservado de todo o mal que o mundo pudesse apresentar em seu caminho e por consequência ter o livramento de dores.

5.5. E Deus lhe concedeu o que lhe tinha pedido- Que frase, que sentença, que afirmação, que conclusão maravilhosa...Deus conferiu à oração realizada por Jabez!

O final da oração de Jabez é a petição da preservação

do mal e livramento da dor, e imediatamente o escritor de 1 Crônicas, que não sabemos claramente quem é, muito embora a tradição judaica diz ter sido Esdras, afirma categoricamente que Deus concedeu o que Jabez havia pedido.

A afirmação final de que Deus concedeu a Jabez, o que ele havia pedido é um momento de grande impacto e alegria. Essa conclusão ressalta a fidelidade de Deus em responder às orações sinceras e confiantes de Seus filhos. Mesmo que não tenhamos detalhes específicos sobre como Deus atendeu a Jabez, podemos ter certeza de que Sua resposta foi plena e abundante.

Ao orar como Jabez, também somos lembrados da importância de render nossa vontade à vontade de Deus. Reconhecemos que Ele é soberano e que Seus planos são melhores e mais elevados do que os nossos. Ao nos aproximarmos d'Ele em oração, estamos prontos para receber Sua direção, sabendo que Ele nos guiará pelos caminhos que nos levarão à plenitude e ao propósito que Ele tem para nós.

Essa declaração enfatiza a importância da fé perseverante e confiante. Jabez acreditou que Deus era capaz de abençoá-lo e de ampliar seu território, de preservá-lo do mal e de livrá-lo da dor. Sua petição foi sincera e sua expectativa estava firmemente colocada em Deus. E Deus não o decepcionou.

A resposta de Deus a Jabez é um testemunho de Sua bondade e graça. Ela nos encoraja a perseverar em nossas orações e a confiar em Deus, sabendo que Ele é capaz de nos conceder o que pedimos, de acordo com Sua vontade e propósito. Assim como Jabez, podemos confiar que Deus está atento às nossas petições e que Ele é capaz de agir em nosso favor.

A história de Jabez nos inspira a ser pessoas de oração, a buscar a face de Deus e a confiar em Sua resposta. Ela nos ensina que não devemos temer pedir a Deus por aquilo que desejamos, pois Ele é um Deus generoso e poderoso, que deseja abençoar Seus filhos. A resposta divina a Jabez nos incentiva a buscar uma vida de comunhão com Deus, entregando-Lhe nossos anseios e confiando que Ele nos ouvirá e responderá.

Que a história de Jabez nos inspire a ser pessoas de fé, coragem e ousadia em nossas orações. Que possamos buscar a Deus com fervor e confiança, sabendo que Ele é fiel para cumprir Suas promessas. Assim como Jabez experimentou o poder transformador de Deus, também podemos experimentar o mesmo em nossas vidas. Que nossas orações sejam sinceras, confiantes e cheias de esperança, pois nosso Deus é capaz de nos conceder o que pedimos e ir além de nossas expectativas.

6
RESPOSTAS ÀS MINHAS ORAÇÕES COMO AS DE JABEZ

6.1. Fumaça na cabine do avião em pleno voo - No evangelho de Mateus 14:28-30 encontramos uma das orações mais curtas e espontâneas relatadas nos Evangelhos.

Quando Pedro pede ao Senhor que o fizesse ir ao seu encontro caminhando sobre as águas, não imaginava o que poderia acontecer.

Nos primeiros passos, ao sentir o vento, o medo tomou conta de si e começando a afundar, sua oração saiu em forma de grito: "Senhor, salva-me". O Senhor Jesus estendeu-lhe a mão e o segurou.

Minha experiência foi durante o tempo em que trabalhei na oficina de manutenção de aeronaves (Conal) na cidade de Sorocaba/SP. Exercia funções administrativas e mantinha contato direto com o pessoal da equipe técnica, o que me proporcionava oportunidades de participar dos voos de experiência ao término de cada revisão, de cada serviço concluído.

Em uma certa ocasião, fui chamado para acompanhar o voo de experiência para a liberação da aeronave ao seu proprietário. Neste caso foi um bimotor Islander, carinhosamente chamado de "perna dura" por não recolher o sistema de trem de pouso. Era um voo local, unicamente, com o propósito de fazer um check-up em todos os sistemas. Piloto e co-piloto em posição de comando, mecânicos e técnicos de sistema de navegação a bordo e alguns de nós, funcionários do escritório, apenas como acompanhantes e esperando desfrutar da experiência de conhecer nossa cidade de Sorocaba, vista de cima. Quando de repente, eis que de repente, depois de alguns minutos de voo, na cabine começa-se a sentir um cheiro forte de queimado.

Os pilotos comentam com os mecânicos: Há algo errado por aqui. Logo em seguida, quase que imediatamente, a fumaça começa a sair por entre os instrumentos do painel da cabine da aeronave. Pilotos e mecânicos trocando ideias, analisando possibilidades do que pode estar ocorrendo e como solucionar naquele momento.

Confesso que eu fiz literalmente como Pedro, naquele momento de medo. Deixando de olhar para fora e para baixo, com o objetivo de contemplar a cidade, a única coisa que me ocorreu, olhando para as ações dos técnicos, foi: "Senhor, salva-me!" Tudo foi bastante rápido, e em alguns minutos, o painel do avião estava desmontado, em pleno voo. O problema daquele momento foi solucionado. O que estava ocasionando a fumaça foi resolvido ali naquele momento, ficando, óbvio, para o laboratório de eletrônica a solução final do problema.

O voo não foi suspendido. Em se tratando de um voo de experiência, o voo continuou de forma visual, sem esses instrumentos de navegação, que por certo, neste caso, eram perfeitamente dispensáveis.

Nunca tive outros sustos a bordo de aviões, graças a Deus, mas, este foi bem marcante e assustador. Para mim serviu como experiência de recorrer a Deus na hora da angústia, do medo, da aflição, de tudo o que você puder imaginar em uma situação dessas, e em seguida sentir o refrigério da solução ali em frente aos meus olhos. Na medida que os técnicos tomaram providências, a fumaça ia sendo dissipada e tudo voltando ao "normal". Louvado seja Deus!

6.2. Ordenação ao Ministério Pastoral - Quando ingressei no seminário não tinha a intenção do ministério pastoral. Queria apenas adquirir conhecimentos para melhorar meus estudos bíblicos de forma pessoal. Não sabia o plano que Deus tinha para mim. Mas, este é um assunto para outro momento.

O que quero compartilhar aqui é uma experiência de uma oração em caráter de urgência e cuja resposta foi de forma relâmpago também. No Vale do Ribeira, região sul do Estado de São Paulo, foi organizado o meu concílio examinatório para que fosse realizada a ordenação ao ministério pastoral, caso fosse aprovado.

Era um sábado, dia 27 de Junho de 1992, e os Pastores Batistas da Associação Batista do Vale do Ribeira, estavam reunidos para o devido concílio examinatório. Transcorria toda a programação matutina, em clima tranquilo, para todos, menos para mim que estava tenso, naturalmente, pois não sabia exatamente como tudo seria logo após o almoço.

Durante o almoço, o Pastor A.G. (vou assim chamá-lo), quem estava pedindo minha ordenação, e que havia convocado os pastores para o concílio, me disse que um dos pastores estava decidido a não aprovar minha ordenação.

Justificava sua decisão pelo fato de ser eu muito jovem e de eu ter sido formado em um seminário batista norte-americano e recém chegado ao Brasil depois de alguns anos fora.

O que preocupava era que este tal pastor, um ex-juiz de direito, aposentado, era um líder de influência entre os pastores, o que poderia causar um resultado geral de não aprovação, efetivamente. Ali mesmo, naquele momento oramos e deixamos realmente que o Senhor tivesse o total controle de todas as coisas e que eu fosse, então, para a sabatina, tranquilo e em paz.

Formada a bancada de exame, presidente, secretário, etc., eu sentado na posição de examinado em frente dos examinadores, e tudo pronto para começar. Eis que nesse exato momento chega um aviso ao pastor, esse que estava contra a minha ordenação, que sua chácara estava sendo roubada. Ele saiu imediatamente para cuidar do que estava acontecendo no seu sítio, e o concílio examinatório transcorreu naturalmente.

Respondi todas as perguntas feitas, e todos os pastores deram por respostas satisfatórias e fui aprovado por unanimidade. E no dia 04 de Julho de 1992 foi a cerimônia de minha ordenação ao Ministério Pastoral, na Igreja Batista da Pedreira, em Registro - SP.

A resposta de oração que recebi de maneira impressionante fez-me refletir sobre algo que permanece em meu coração até hoje e sempre estará comigo. Sou grato por ser abençoado por Deus, que utilizou uma circunstância única para me abençoar. Essa experiência marcou minha vida de forma especial e deixou uma impressão duradoura em minha fé.

6.3. Síndrome de Guillain Barré – "A síndrome de

Guillain-Barré é uma doença autoimune em que o sistema imunológico produz anticorpos que afetam os nervos do próprio corpo, levando à inflamação e causando sintomas como fraqueza e dificuldade para movimentar as pernas e braços, sensação de formigamento e, nos casos mais graves, dificuldade para respirar, podendo colocar a vida em risco.

Devido à gravidade, é importante que a síndrome de Guillain-Barré seja identificada rapidamente, podendo ser indicada a realização da eletroneuromiografia e da punção lombar para confirmar o diagnóstico.

Em caso de suspeita de síndrome de Guillain-Barré é importante consultar um neurologista para uma avaliação e início do tratamento apropriado, que pode envolver o uso de imunoglobulina e plasmaférese.

Principais sintomas - Os principais sintomas da síndrome de Guillain-Barré são:

- Dificuldade para movimentar ambas as pernas ou braços;
- Paralisia do rosto;
- Dificuldade para falar ou engolir alimentos;
- Falta de ar;
- Dor ou sensações de queimação, formigamentos ou choques nas partes afetadas;
- Coração acelerado;
- Pressão arterial pouco controlada;
- Dificuldade em controlar a urina e as fezes.

Os sintomas afetam primeiro as pernas e tendem a piorar rapidamente, prejudicando a capacidade da pessoa andar e realizar suas tarefas diárias. Além disso, em poucas semanas a síndrome de Guillain-Barré também pode afetar os braços, rosto e outras partes do corpo.

Nos casos mais graves, o funcionamento de nervos importantes, como os que controlam a respiração, pressão arterial, batimentos do coração, também podem ser afetados e sintomas como dificuldade para respirar, arritmias e pressão alta ou baixa podem se desenvolver, colocando a vida da pessoa em risco.

Normalmente, os sintomas param de piorar em até 4 semanas e tendem a melhorar com o tempo após este período mesmo sem tratamento específico."

Estas informações acima foram extraídas da página web da Dra. Clarisse Bezerra.[2]

Como já mencionei anteriormente aqui, no dia 09 de março de 2018, fomos surpreendidos com a notícia de que nosso filho mais velho, Héredes, foi internado em emergência no hospital local porque da noite para o amanhecer tinha perdido total comando sobre seu corpo. Amanheceu completamente paralisado. Totalmente imóvel. O corpo não respondia ao comando do cérebro em nada. Um simples movimento nos seus dedos não se via. Movimentar as mãos, braços, pernas, etc...., nada!

Ouvi claramente quando o médico disse que era Síndrome de Guillain Barré, e que em oito meses poderia iniciar um trabalho de fisioterapia para então pensar em começar a caminhar novamente.

---

[2] https://www.tuasaude.com/sindrome-de-guillain-barre/#sintomas, de um artigo da Dra. Clarisse Bezerra - Médica de Saúde Familiar - Formada em Medicina pelo Centro Universitário Christus e especialista em Saúde da Família pela Universidade Estácio de Sá.

Tudo isso se confirmava com aquela dura realidade que eu estava vivendo, pois acompanhando-o no quarto, ele me pedia para coçar sua testa, seu rosto, uma vez que não tinha nenhum movimento nos braços e mãos. Da mesma forma nas pernas e pés. Ele pedia para eu fazer toques e massagens nos seus pés, e fazer alguns movimentos. Totalmente imóvel, pois onde eu deixava, ali ficavam suas pernas. Sentar ou ficar em pé era um milagre ansiosamente esperado, e o parecer médico de que seriam oito meses para um início de reação, realmente turbaram a mente e o coração.

Em um dado momento, me ausentei do quarto e fui até a capela onde me coloquei na presença de Deus, clamando com toda a força do meu coração pelo meu filho, confiando plenamente que Deus todo poderoso poderia muito bem contradizer a palavra do médico e transformar aqueles oito meses em segundos, minutos, horas, de acordo à Sua vontade e para Sua glória.

Naquela mesma noite Heredes já deu os primeiros passos. Foi uma celebração de toda a equipe médica, de enfermagem, etc... As enfermeiras comentavam umas com as outras: Milagre! Milagre! Foi um poderoso testemunho, pois naquele setor do hospital não era suposto que um paciente tocasse o chão com seus próprios pés, e, ele estava caminhando sem nenhuma assistência de enfermagem. Unicamente, com a assistência da graça divina, isso sim. Toda honra e glória, somente a Deus!

Nos dias de hoje, Deus continua a ouvir as orações de Seus filhos. É uma verdade reconfortante e honrosa que, apesar de nossas limitações e imperfeições, o Deus que respondeu à oração de Jabez é o mesmo Deus que está ativamente envolvido em nossas vidas hoje.

Ao refletir sobre a história de Jabez, somos lembrados de que não estamos sozinhos em nossas lutas, desafios e anseios. Temos um Deus amoroso e compassivo que está pronto para nos ouvir e responder quando clamamos a Ele.

Não importa quem somos, nossa posição social, nossos erros do passado ou nossas fraquezas, Deus está disposto a estender Sua mão de graça e misericórdia. Ele é o Deus que se preocupa com os detalhes de nossas vidas, que conhece nossas necessidades e anseios mais profundos.

Ao longo das Escrituras, encontramos exemplos de pessoas comuns que clamaram a Deus e foram ouvidas. Homens e mulheres, como nós, que enfrentaram desafios, adversidades e momentos de aflição, e encontraram conforto, orientação e provisão através da resposta de Deus às suas orações.

Nossa confiança não está em nossa própria capacidade ou mérito, mas na fidelidade e poder do nosso Deus. Ele é o Deus que responde, o Deus que intervém, o Deus que transforma vidas e circunstâncias. Não há oração muito pequena ou grande demais para Ele.

Que possamos aprender com Jabez a ousar clamar a Deus, a confiar em Sua bondade e a esperar com expectativa Sua resposta. Que possamos reconhecer nossa dependência de Deus e nos humilharmos diante d'Ele, sabendo que Ele é o único que pode verdadeiramente nos conceder o que necessitamos.

Enquanto olhamos para o exemplo de Jabez, não devemos nos considerar melhores do que ninguém, mas sim lembrar que servimos ao mesmo Deus que ouviu suas orações. É um lembrete de humildade e gratidão pela bondade e fidelidade de Deus.

Todos nós enfrentamos momentos em que precisamos de um referencial sólido para guiar nossas vidas. Nesses momentos, podemos olhar para a vida de Jabez como um exemplo inspirador. Assim como ele, podemos buscar a face de Deus, ansiando por um relacionamento profundo e íntimo com o nosso Criador. Ao priorizarmos essa busca, abrimos espaço para que Deus trabalhe em nós e nos conduza em direção à vida plena que Ele tem para nós.

Seguir o exemplo de Jabez significa confiar em Deus como nossa fonte de provisão. Ele é o Deus que supre todas as nossas necessidades, físicas, emocionais e espirituais. Ao depositarmos nossa confiança n'Ele, reconhecendo que Ele é o nosso provedor, podemos experimentar uma vida de segurança e paz, sabendo que Ele cuidará de nós em todas as circunstâncias.

Além disso, Jabez nos ensina a depender totalmente de Deus em todas as áreas de nossa vida. Ele reconheceu sua própria limitação e dependência de Deus, buscando Sua bênção e direção. Da mesma forma, devemos reconhecer nossa dependência de Deus em todas as áreas de nossa vida, seja nos relacionamentos, na carreira, na saúde ou nas decisões que tomamos. Quando confiamos em Deus e dependemos d'Ele, abrimos espaço para que Ele trabalhe poderosamente em nós e através de nós.

É encorajador saber que o Deus que respondeu às orações de Jabez é o mesmo Deus que continua a ouvir e responder às nossas orações hoje. Ele é o Deus que se importa com cada detalhe de nossa vida e está sempre pronto para nos atender conforme Sua vontade perfeita. Que possamos nos aproximar d'Ele com fé e confiança, sabendo que Ele é um Deus fiel e que jamais nos abandonará.

Que a vida de Jabez seja um lembrete constante de que, independentemente de quem sejamos ou do que enfrentemos, podemos buscar a Deus como nosso referencial. Podemos confiar em Sua provisão, depender totalmente d'Ele e ter a certeza de que Ele ouve e responde às nossas orações. Que a história de Jabez nos inspire a buscar uma vida de intimidade com Deus e a viver além das expectativas, confiando em Seu amor e direção em todas as áreas de nossa vida.

Que possamos seguir o exemplo de Jabez em buscar a face de Deus, confiar em Sua provisão e depender totalmente d'Ele em todas as áreas de nossa vida. Que possamos ter a certeza de que o Deus que respondeu a Jabez é o mesmo Deus que continua a ouvir e responder as nossas orações hoje. Ele nunca falhou e não vai ser desta vez que irá falhar! Confie em Deus!

7
DEUS E SEUS MIMOS CONCEDIDOS

Falando em orações respondidas, temos um grande exemplo de um grande homem de oração, George Muller, que em seu diário de oração, encontramos: 50.000 orações respondidas. George Muller escreve um depoimento digno de ser considerado: "Deus nunca falhou comigo! Por quase 70 anos, cada necessidade em conexão com este trabalho, foi suprida, foi atendida. Tudo isso porque eu creio no poder da oração!"

O trabalho a que se refere George Muller é o orfanato pelo qual ficou conhecido no século XIX, em Bristol, na Inglaterra, onde Deus operou inúmeros milagres, em resposta às suas orações. Sem a mínima intenção comparativa, também tenho uma lista enorme de orações respondidas, que sem dúvida, exaltam a grandeza e fidelidade do nosso Deus.

E vou além das orações respondidas, pois aqui quero apresentar alguns mimos recebidos de parte de Deus que nem sequer em oração foram apresentados. Claro que em oração de gratidão, depois de recebidos e desfrutados.

Qual o critério de Deus para tanta bondade e amabilidade para conosco, ou seja, comigo e com minha família? Eu não sei. Às vezes, minha esposa e eu nos perguntamos: O que Deus vê quando olha para nós e nos concede tantas bênçãos?

7.1. Éramos 2 - agora somos 20 - Quando nos casamos, minha esposa e eu tivemos um desejo de ter três filhos. Era a nossa oração. Eu orava ainda mais especificamente, que o primeiro fosse um menino. Queria um filho homem primeiro. Não me pergunte a razão, porque eu não sei explicar. Era somente um desejo. Deus consentiu com o primeiro varão e, depois o casal, completando assim os três filhos pelos quais oramos.

Agora, o que veio depois foi por total e plena vontade de Deus, e que consideramos como um mimo super especial pela maravilhosa graça divina: Duas filhas (noras) e um filho (genro) que foram agregados à nossa família, cumprindo assim o plano de Deus de que os filhos saem de casa para formar suas próprias famílias quando se casam. E o que resultou desses casamentos é algo que foi além das nossas expectativas. São os 12 netos com os quais Deus nos agraciou, fazendo com que cada um deles tenha uma característica única, especial.

Nunca orei por uma quantidade específica de netos e muito menos uma quantidade tão expressiva assim, e ser avô do Lucca, Levi, Phoenix, Nikolaiah, Theodore, Olivia, Gideon, Sophy, Amadeus, Amelia, Amos e Izzy, é um desses mimos por pura graça e bondade de Deus. Quando me perguntam qual o neto preferido, a resposta é simples: Todos, pois todos são presentes de Deus.

7.2. A maior alegria - Não cabe nenhuma dúvida que todos nós que somos pais desejamos o melhor para nossos filhos. É até comum ouvir pais dizendo: "Não quero que meus filhos passem o que eu passei, que sofram o que eu sofri". É um raciocínio lógico e com sentido, porém, lamentavelmente em alguns casos, alguns filhos não entendem essa ideia paterna e o bom desejo acaba se tornando em certos resultados negativos para os filhos.

Todo o esforço e dedicação dos pais em alguns casos são vistos nada mais que como obrigação, por alguns tipos de filhos. E estes filhos, ao final das contas, não trazem alegrias e, sim tristezas, aos seus pais.

Eu quero aqui expressar minha gratidão a Deus pelos filhos que nos deu. Como já mencionei, são três. Na verdade, nunca foi possível dar tudo o que minha esposa e eu desejávamos dar. Com certeza também nunca conseguimos dar tudo o que eles desejaram obter. Como pais tínhamos nossos sonhos, nossos desejos de dar o melhor. Como filhos, naturalmente também eles tinham seus desejos, sonhos, vontades, etc., principalmente nas idades da infância e adolescência quando é comum a comparação com os brinquedos, roupas, sapatos, etc., dos amigos.

Sempre jogamos limpo com nossos filhos. Nunca os iludimos. Sempre deixamos claro até onde era possível chegar, e com toda certeza, que se eles não tivessem tudo o que desejassem, de nossa parte teriam todo nosso empenho para tudo o que necessitassem.

Sempre ensinamos aos filhos a diferença entre desejos supérfluos e do que é realmente necessidade. E a cada situação não perdíamos a oportunidade de colocar a oração como base para tudo na vida, e da fidelidade de Deus em cumprir suas promessas. E assim cresceram nossos filhos, tomaram suas decisões, constituíram suas famílias e nos alegraram com os netos.

Nada alegra mais um pai do que saber que seus filhos se tornaram pessoas de bem, cônjuges não perfeitos, mas, amorosos, responsáveis e comprometidos. Excelentes pais, transmitindo uma excelente educação para os seus filhos. E acima de tudo, o que realmente faz com que tudo isso seja possível é a vida comprometida com Deus e sua verdade.

Hoje, eu posso aplicar literalmente o versículo bíblico: *"Nada me alegra mais do que ouvir que os meus filhos vivem de acordo com a verdade" - 3 João 4*. Todos eles são comprometidos com Cristo, como Senhor e Salvador. São servos do Senhor, cada um em sua igreja local e os dois varões, atendendo ao chamado do Senhor, são pastores, atualmente no Estado da Flórida-USA.

7.3. Fusca Vermelho - Era o Natal de 2014, e nós estávamos recém chegados de volta em Miami. Depois de oito anos no ministério pastoral em Curitiba - PR, e dois anos no campo missionário em Lima, no Peru, estávamos retornando para Miami, de onde tínhamos saído dez anos antes.

Claro que a alegria era imensa, a emoção enorme. Família toda reunida para celebrar o Natal depois de vários anos. Esse fato por si só já era por demais de ser mencionado como dádiva de Deus em permitir que a nossa família estivesse reunida outra vez. Então, família reunida, mesa farta, preparada de acordo com a ocasião, momento costumeiro de trocas de presentes, proporcionando uma alegria sem par. Porém, algo estranho no ar, pois todos ganhavam presentes e davam presentes, inclusive minha esposa e eu já tínhamos feito a entrega dos nossos presentes e nenhuma menção de algum presente para nós.

Quando tudo parecia que estava chegando ao final, fomos convidados a sair da sala, e sendo guiados por sinais e marcas no chão, fomos levados para o estacionamento onde estava com um enorme laço vermelho, um reluzente Volkswagen Beetle Vermelho, de presente de nossos filhos.

A explicação dada por eles foi que nós nunca iríamos comprar um carro desses, e sim um carro para carregar os netos. Então, esse era para nós dois, recordando o antigo fusca do tempo do início do nosso namoro e também do que tínhamos no início do casamento.

Foi impossível conter as lágrimas. Esse fusca temos até hoje, em perfeitas condições e certamente ficará na família para as futuras gerações. Mais um mimo do nosso Deus. E dos grandes. Nunca esperávamos voltar a ter um fusca desses do modelo novo, chamado Beetle. Nem sequer orávamos por isso. Mas, os mimos de Deus não dependem de nossa oração específica, e sim, de Sua graça maravilhosa.

7.4. Ilha de Oahu - Honolulu - Havaí - No meu tempo de criança existia uma série na televisão chamada Havaí 5.0. Nunca fui assíduo telespectador dessa série até porque não tinha televisão em casa. Uma ou outra vez que assistia em casa de alguém, em alguma coincidência momentânea, não foram suficientes para entender de que se tratava e nem sobre este local paradisíaco onde se desenrolam as tramas.

Até mesmo ainda bem mais tarde, não tinha ideia da localização geográfica, da beleza natural, e de sua importância histórica. Quando isso veio a acontecer, ou seja, a perfeita consciência de sua localização no Pacífico, suas belezas naturais e do fatídico acontecimento em 07 de Dezembro de 1941, o ataque a Pearl Harbor, pelo exército japonês, despertou obviamente o interesse por conhecer, por visitar esta ilha paradisíaca.

Havaí, sempre foi um sonho em minha vida, porém,

um sonho adormecido. Por se tratar de um local super famoso por tudo o que se tem relacionado com esse arquipélago, ser um local super turístico, naturalmente, é um dos passeios caros aqui nos Estados Unidos. E, claro, não preciso nem explicar que totalmente fora do nosso alcance orçamentário, fora do padrão familiar.

Nesse caso então, não sendo em nada uma prioridade, nunca fiz disso um motivo específico de oração. Mas, este é mais um dos casos que eu considero como "mimos" da parte de Deus. Bênçãos além do que podemos pensar e imaginar. Bênçãos concedidas sem sequer serem pedidas em oração.

Nosso genro em sua carreira militar foi destacado para um período de 03 anos na cidade de Honolulu, na Base Militar chamada Joint Base Pearl Harbor-Hickam (JBPHH). Foi então quando o longe foi se tornando mais perto, pois com a mudança deles para lá, ou seja, genro, filha e os dois netos, o Havaí já não era mais coisas de filmes, seriados, etc., já tínhamos como dizer que parte da nossa família vivia no Havaí.

E o que nem era sonho, se tornou realidade, quando fomos agraciados por nossa "família havaiana" com passagens para irmos visitá-los. Em Maio de 2021, tivemos um período de férias além dos sonhos. Minha esposa e eu tivemos a oportunidade de conhecer Oahu e seus encantos. A bela cidade de Honolulu, sua gente encantadora, suas maravilhosas praias e tantos outros passeios que são parte da rota turística deste lugar simplesmente sensacional.

Deus transforma sonhos em realidade

Deus é o Deus que transforma sonhos em realidade. Sua graça e bondade nos surpreendem ao nos conceder o desejo do nosso coração. Ele nos convida a refletir: quais são os sonhos que ardem dentro de você? Quais são os anseios mais profundos que você gostaria de ver realizados? Deus conhece cada um deles e está pronto para torná-los realidade.

Através da Sua graça e poder, Deus é capaz de realizar os sonhos que parecem inalcançáveis. Ele não é limitado pelas nossas circunstâncias, pelas nossas habilidades ou pelas nossas limitações. Ele é o Deus que vai além do que podemos imaginar e que age além das nossas expectativas. Portanto, não há sonho grande demais para Ele.

Devemos confiar em Deus, pois Ele é poderoso para cumprir os sonhos de acordo com a Sua vontade. Ele conhece os desejos mais profundos do nosso coração e sabe o que é melhor para nós. Podemos entregar nossos sonhos a Ele, sabendo que Ele tem o poder e a sabedoria para realizá-los no momento certo e da melhor maneira possível.

É importante lembrar que a realização dos nossos sonhos não é apenas para nosso benefício pessoal, mas também para a glória de Deus e o bem dos outros. Deus nos capacita para cumprir o propósito que Ele tem para nós, e os sonhos que Ele coloca em nosso coração têm um propósito maior. Quando buscamos realizar esses sonhos com base na vontade de Deus, estamos contribuindo para o Seu plano de redenção e amor neste mundo.

Portanto, não tenha medo de sonhar grande e confiar em Deus para tornar esses sonhos realidade. Ele é o Deus que transforma, que abre portas e que faz o impossível acontecer. Não há limites impeditivos para o agir de Deus. Os impossíveis aos homens são possíveis para Deus. Entregue seus sonhos a Ele em oração, rendendo-se à Sua vontade e confiando que Ele tem o melhor para você. Deixe que Ele guie seus passos e o conduza em direção ao cumprimento dos sonhos que Ele mesmo colocou em seu coração.

Sonhos únicos em realidade dupla

Já não pensava mais em uma segunda oportunidade de ir ao Havaí, e sim no fato de que Deus tem seus planos para "mimar" os Seus filhos. Nossa filha ficou grávida, e por ocasião do parto, minha esposa viajou ao Havaí para acompanhar e ajudá-la nesse processo. Logo depois, quando me foi possível, viajei também. Mais uma vez, o pacote foi completo, pois as passagens foram o nosso presente de fim de ano, fazendo com que o nosso Natal de 2022 no Havaí, fosse um dos Natais inesquecíveis.

Neste momento em que escrevo estas palavras finais, estamos ainda no Havaí, minha esposa e eu, com a grande expectativa do *Réveillon*, esperando o novo ano de 2023. Nunca imaginei um *Réveillon* na tão famosa ilha do Havaí, e, no entanto, Deus nos permitiu esse mimo tão maravilhoso, desfrutando esse tempo com nosso genro Paul, a filha Sarah e nossos netos Theo, Sophy e Izzy.

O que podemos dizer diante de tudo isto? Somente, abrir os pulmões e soltar o grito que ecoa em nossas almas: Ó Deus, Tu és Bom e Abençoador!

8
UMA PALAVRA PASTORAL

Como já mencionei anteriormente, muitas vezes minha esposa e eu, nos vemos perguntando um ao outro: Por que Deus tem nos dado tanto? Não temos respostas que possam ser explicadas pela lógica.

Tantas orações respondidas que nem as mencionamos aqui, tanto cuidado além do que podemos sequer imaginar, estes mimos além do que sequer esperamos. Realmente, não temos palavras para expressar nossa gratidão. Não, não temos nada de especial, se é que você está pensando algo nesse sentido. Não somos merecedores por méritos pessoais, assim como ninguém o é. No entanto, somos, como todos os filhos são, objeto do amor do Pai.

Assim que, você amigo(a) leitor(a), pode muito bem desfrutar desse mesmo amor incondicional do nosso Pai Celestial, e ter esse prazer imensurável de ter suas orações respondidas assim como foi a oração de Jabez, e, ainda muito mais, ter os tão apreciados "mimos" de Deus, como uma demonstração extra do Seu amor.

Porém, cabe-me dizer algo muito importante e verdadeiro. Tudo isso está disponível aos filhos de Deus.

Você precisa ser um filho(a) de Deus. Ao contrário do que muitas pessoas dizem: "Eu também sou um filho de Deus", a verdade é que todos nós somos criaturas de Deus. Somos obra da criação de Deus. Fomos criados por Deus, portanto somos apenas criatura de Deus. Mas, Deus queria muito mais que isso para nós. Ele queria que fôssemos parte de Sua família, e por isso proporcionou o meio para que isso fosse possível. Enviou seu filho amado, Seu único Filho Jesus Cristo, para que por meio d'Ele nos tornássemos Seus filhos. No Evangelho de João 1:12, nos diz claramente: *"Mas a todos quantos o receberam deu-lhes o poder de serem feitos filhos de Deus: aos que crêem no seu nome."* E que ao reconhecer e receber Jesus como Senhor e Salvador, deixamos de ser simplesmente criaturas e nos tornamos filhos de Deus.

    Exatamente o que vemos em João 3:16, o que é conhecido como a Bíblia em miniatura: *"Porque Deus amou o mundo de tal maneira que deu o seu Filho unigênito, para que todo aquele que nele crê não pereça, mas tenha a vida eterna."* Esse amor de tal maneira mencionado aqui no Evangelho é para todo aquele que n'Ele crer.

    Amado(a) leitor(a), humildemente e, em oração, eu clamo a Deus por sua vida. Se você já é um Filho de Deus, se já declarou a Jesus Cristo, com seus próprios lábios e de todo o seu coração, conforme está em "Romanos 10:9: *"Se você disser com a sua boca, "Jesus é Senhor" e no seu coração crer que Deus ressuscitou Jesus, você será salvo,"* Aleluia! Glória a Deus!

    Meu conselho para você é que não esmoreça na fé, continue sua jornada de oração e leitura bíblica, unindo-se à uma família cristã, ou seja, uma igreja local onde possa servir. Deus cumprirá suas promessas em sua vida, nenhuma delas falhará e Ele lhe abençoará abundantemente.

    Se você ainda é apenas uma criatura de Deus, não perca mais tempo e faça a oração de entrega da sua vida ao Senhor. Abra seu coração, recebendo a Jesus como Senhor e Salvador de sua vida, tornando-se um filho de Deus. No Evangelho de João 1:12 encontramos: *"Mas a todos quantos o receberam deu-lhes o poder de serem feitos filhos de Deus: aos que crêem no seu nome".*

Ore agora mesmo, neste exato momento: Senhor Deus e Pai Todo-Poderoso, obrigado por Seu amor sem medida ao ponto de enviar Seu único Filho para perdoar meus pecados e dar-me uma nova vida. Eu confesso meus pecados, peço perdão e recebo a Jesus Cristo, como meu único e suficiente Senhor e Salvador. Em nome de Jesus, Amém!

Se você fez esta oração agora... Amém! Louvado seja Deus! Seja bem-vindo à Família de Cristo!

Seu próximo passo é procurar uma Igreja local para desenvolver a nova vida espiritual em Cristo, e obedecer à ordenança do batismo.

Se desejar, posso lhe ajudar nessa nova caminhada espiritual com um estudo bíblico inicial, que chamamos de Novo Começo com Deus, totalmente gratuito.

Para receber esta ajuda, entre em contato conosco pelo e-mail: prja1000@gmail.com. Eu terei um prazer muito grande em lhe ajudar a caminhar com Jesus em uma nova vida. No início de nossa jornada cristã somos sempre ajudados por outras pessoas que estão caminhando com Ele. É maravilhoso conhecer a família da fé. Todos nós nos ajudamos a buscar a vontade do Senhor e aprender a andar com Ele. Nós queremos lhe ajudar nessa caminhada.

Desenvolva a sua vida de oração diante de Deus e certamente que como Jabez, terá suas orações respondidas. Desenvolver uma vida cristã é um processo contínuo de crescimento espiritual e busca de intimidade com Deus. Para auxiliar nesse caminho, compartilho abaixo 10 passos que podem ser seguidos como uma base sólida para um discipulado eficaz.

10 Passos para seguir a Jesus

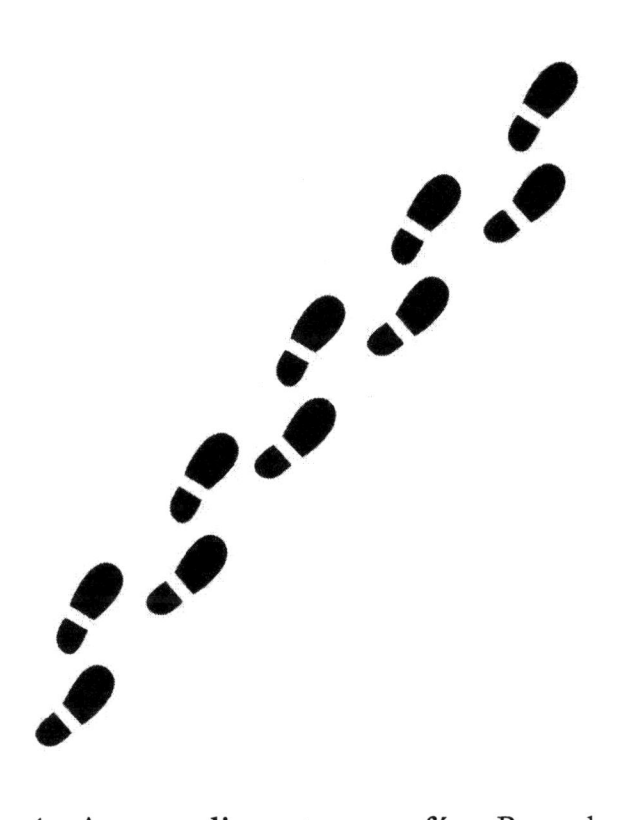

1. **Arrependimento e fé:** Reconheça sua necessidade de salvação, arrependa-se dos pecados e creia no sacrifício de Jesus como único meio de redenção. (Romanos 10:9; Atos 3:19).

2. **Estudo da Palavra:** Dedique tempo diariamente para ler e meditar nas Escrituras, permitindo que a Palavra de Deus oriente sua vida. (2 Timóteo 3:16-17; Josué 1:8).

3. **Oração:** Estabeleça uma comunicação constante com Deus por meio da oração,

buscando Sua direção, força e sabedoria. (Filipenses 4:6-7; 1 Tessalonicenses 5:17).

4. **Comunhão com a igreja:** Engaje-se em uma comunidade cristã local, participando de cultos, estudos bíblicos e momentos de comunhão. (Hebreus 10:24-25; Atos 2:42).

5. **Vida de santidade:** Busque viver uma vida em conformidade com os padrões de Deus, abandonando os pecados e sendo transformado pela renovação da mente. (1 Pedro 1:15-16; Romanos 12:2).

6. **Serviço aos outros:** Sirva aos outros com amor e compaixão, seguindo o exemplo de Jesus, que veio para servir. (Mateus 20:28; Gálatas 5:13).

7. **Discipulado e mentoria:** Busque o aconselhamento e discipulado de cristãos maduros, aprendendo com suas experiências e conhecimento da Palavra. (2 Timóteo 2:2; Provérbios 27:17).

8. **Evangelização:** Compartilhe o amor de Cristo com outras pessoas, levando a mensagem do Evangelho a quem ainda não conhece a Jesus. (Mateus 28:19-20; Marcos 16:15)

9. **Busca pelo Espírito Santo:** Peça ao Espírito Santo que encha e capacite sua vida, permitindo que Ele guie, fortaleça e capacite você para viver uma vida cristã plena. (Efésios 5:18; Atos 1:8).

10. **Perseverança:** Mantenha-se firme na fé, perseverando mesmo diante de desafios e

provações, confiando que Deus é fiel para completar a boa obra que começou em você. (Hebreus 12:1-2; Filipenses 1:6).

Lembre-se de que esses passos são apenas o começo de uma jornada de fé. À medida que você cresce em sua vida cristã, continue a buscar a Deus, aprendendo e se aprofundando na Sua Palavra, vivendo de acordo com os ensinamentos de Jesus e seguindo o Seu exemplo. Que sua vida cristã seja uma busca constante por mais de Deus e um testemunho vivo do Seu amor e graça.

CONCLUSÃO

Jabez se encontrava diante de uma encruzilhada em sua vida. Ele havia aprendido muito sobre si mesmo e sobre o poder da oração ao longo de sua jornada. Agora, ele precisava aplicar tudo o que havia aprendido para transformar sua vida de uma forma significativa.

Em primeiro lugar, Jabez compreendeu que a transformação começa com a vontade de mudar. Ele reconheceu que, embora fosse fácil se acomodar em sua zona de conforto, era essencial sair dela para alcançar algo maior. Jabez estava disposto a correr riscos e a enfrentar desafios, sabendo que isso fazia parte do processo de transformação.

O próximo passo de Jabez foi definir metas claras para sua vida. Ele percebeu que ter objetivos específicos o ajudaria a direcionar sua energia e esforços na direção certa. Jabez não apenas sonhou alto, mas olhou para o Deus do alto! Diante disto também elaborou um plano concreto para alcançar suas metas, dividindo-as em etapas menores e alcançáveis e colocou cada uma delas nas mãos do Senhor.

No entanto, Jabez sabia que não poderia realizar tudo

sozinho. Ele procurou ajuda, a ajuda de Deus! Podemos e devemos contar com o socorro divino para a nossa vida! O salmista de certa feita, disse: *"O Senhor está comigo entre aqueles que me ajudam..." - Salmos 118:7*. Veja as pessoas que Deus está colocando em sua vida. Muitas vezes, são pessoas que já alcançaram o sucesso em áreas semelhantes. Busque mentores e estabeleça conexões com pessoas que podem guiá-lo em seu caminho de transformação. Aprenda a importância de se cercar de indivíduos inspiradores e positivos, que o encorajam e apoiam em sua jornada.

Outro aspecto fundamental da transformação de Jabez foi a autodisciplina. Ele reconheceu que a consistência e a persistência eram essenciais para alcançar seus objetivos. Estabeleça uma rotina diária que incluía hábitos saudáveis, como ter um tempo com Deus, leitura da Palavra, tempo de reflexão e oração. Aprenda a administrar seu tempo com sabedoria, evitando distrações desnecessárias e priorizando as tarefas mais importantes.

Por fim, Jabez continuou a se dedicar à sua vida de consagração a Deus. Ele sabia que a comunicação com Deus era fundamental para sua jornada de transformação. Jabez buscava orientação divina em todos os aspectos de sua vida, confiando que Deus o ajudaria a superar qualquer desafio e a alcançar além das expectativas.

Não temos muitos dados sobre o desdobramento da história de Jabez, apenas uma frase, mas que diz tudo: *"E Deus lhe concedeu o que lhe tinha pedido"*. Que declaração maravilhosa. Com o passar do tempo, a transformação de Jabez começou a se manifestar. Ele alcançou suas metas, superou obstáculos e experimentou um crescimento significativo em todas as áreas de sua vida. Sua história se tornou um exemplo inspirador para muitos outros que estão em busca de transformação pessoal.

Ao concluir esta jornada de descobertas e transformação ao lado de Jabez, espero que você também tenha sido inspirado a buscar além das expectativas. Lembre-se de que você tem o poder de moldar sua própria vida e alcançar coisas incríveis, na dependência de Deus. Confie no Senhor e acredite na possibilidade que se abre para você, defina metas claras, busque orientação divina e esteja disposto a sair da sua zona de conforto.

Que a história de Jabez permaneça como um lembrete de que, com fé, esforço e uma visão ousada, podemos transcender nossas próprias limitações e alcançar o extraordinário. Não importa quais sejam as circunstâncias em que você se encontre, lembre-se de que sempre há potencial para a mudança e o crescimento.

A jornada de Jabez nos ensina que a transformação não é um evento isolado, mas sim um processo contínuo. À medida que alcançamos nossas metas e superamos desafios, novas oportunidades surgem diante de nós. É importante permanecer aberto a essas possibilidades e estar disposto a se adaptar e evoluir ao longo do caminho.

Além disso, a história de Jabez nos lembra da importância de impactar positivamente a vida dos outros. À medida que ele experimentava sua própria transformação, ele buscava compartilhar suas lições e inspirar aqueles ao seu redor. Ele se tornou um agente de mudança e encorajamento para aqueles que cruzavam seu caminho. Podemos aprender com Jabez a importância de estender uma mão amiga e oferecer apoio aos outros em suas próprias jornadas de transformação.

Enfim, à medida que fechamos este livro, espero que você se sinta capacitado e motivado a buscar além das expectativas em sua própria vida. Lembre-se de que a transformação requer compromisso, determinação e perseverança, mas os resultados podem ser verdadeiramente gratificantes. Permita-se sonhar grande, confiar em seu potencial e nunca subestime o poder da oração e da conexão com algo maior do que nós mesmos, porque ninguém há semelhante ao Senhor Deus. *"Não há absolutamente ninguém comparável a ti, ó Senhor; tu és grande, e grande é o poder do teu nome"* - Jeremias 10:6.

A história de Jabez é um lembrete de que somos capazes de superar nossos limites e alcançar além do que imaginávamos ser possível, porque cremos em um Deus Todo-Poderoso que se compadece de nós. Que sua jornada inspire você a abraçar a transformação, acreditar em si mesmo e caminhar corajosamente em direção aos seus sonhos mais ousados. Que você viva uma vida além das expectativas!

100 BENEFÍCIOS SOBRE A ORAÇÃO
QUE PODEM MUDAR A SUA VIDA

A oração tem inúmeros benefícios para aqueles que a praticam regularmente. Aqui estão 100 benefícios da oração, acompanhados de referências bíblicas que destacam sua importância:

1. Fortalece o relacionamento com Deus - Filipenses 4:6-7
2. Proporciona paz e tranquilidade - Filipenses 4:6-7
3. Oferece consolo em tempos de dificuldade - Salmo 34:17-18
4. Liberta do medo - Salmo 34:4
5. Ajuda a encontrar sabedoria e orientação - Tiago 1:5
6. Desenvolve um coração agradecido - 1 Tessalonicenses 5:16-18
7. Aumenta a fé - Mateus 21:22
8. Fortalece a esperança - Romanos 12:12
9. Leva à cura e restauração - Tiago 5:15
10. Capacita para perdoar - Mateus 6:14-15
11. Promove a humildade - 1 Pedro 5:6-7
12. Conecta-nos com a vontade de Deus - Mateus 6:10
13. Inspira confiança em Deus - Salmo 56:3
14. Permite compartilhar preocupações com Deus - 1 Pedro 5:7
15. Dá força em momentos de fraqueza - Isaías 40:29
16. Ajuda a resistir às tentações - Mateus 26:41
17. Nutre um coração compassivo - Colossenses 3:12
18. Aprofunda o relacionamento com outros crentes - Mateus 18:20
19. Liberta do peso da ansiedade - Filipenses 4:6-7
20. Concede paz interior em meio às tribulações - João 16:33
21. Fortalece contra as artimanhas do inimigo - Efésios 6:10-11
22. Leva a um coração grato - Colossenses 4:2
23. Abre portas para bênçãos e provisões - Lucas 11:9-10
24. Promove a comunhão com o Espírito Santo - Judas 1:20
25. Ajuda a discernir a vontade de Deus - Provérbios 3:5-6
26. Alivia o fardo emocional - Mateus 11:28-30
27. Desperta o amor pelos outros - 1 Timóteo 2:1
28. Renova a mente - Romanos 12:2
29. Fortalece contra o desânimo - 2 Coríntios 4:16-18
30. Aumenta a paciência - Colossenses 1:11
31. Promove a autorreflexão e autoconhecimento - Salmo 139:23-24
32. Capacita para ações justas - Tiago 5:16
33. Fortalece a perseverança - Lucas 18:1
34. Desenvolve um espírito de gratidão - Colossenses 3:15

35. Liberta da culpa - 1 João 1:9
36. Aumenta o amor por Deus - Mateus 22:37
38. Dá esperança em tempos de desespero – Rm. 5:4
39. Fortalece a confiança em Deus mesmo diante das adversidades - Habacuque 3:17-18
40. Capacita para lidar com a incerteza - Provérbios 3:5-6
41. Proporciona consolo em momentos de luto - Mateus 5:4
42. Desenvolve a perseverança na busca por respostas - Lucas 11:9-10
43. Leva a um coração manso e humilde - Mateus 11:29
44. Promove a cura emocional - Salmo 147:3
45. Fortalece o caráter e a integridade - Mateus 6:13
46. Capacita para enfrentar desafios com coragem - Josué 1:9
47. Inspira ação e serviço aos outros - Gálatas 5:13
48. Desenvolve a gratidão mesmo em meio às dificuldades - 1 Tessalonicenses 5:18
49. Liberta do sentimento de solidão - Hebreus 13:5
50. Aumenta a confiança em Deus como provedor - Filipenses 4:19
51. Promove a reconciliação em relacionamentos quebrados - Mateus 5:23-24
52. Capacita para resistir às tentações sexuais - 1 Coríntios 6:18-20
53. Fortalece a fé em tempos de dúvida - Marcos 9:24
54. Desenvolve um coração misericordioso - Lucas 6:36
55. Liberta do jugo do pecado - João 8:36
56. Capacita para enfrentar perseguições e tribulações - Romanos 8:35-
57. Promove a unidade entre os crentes - Atos 2:42
58. Aumenta a coragem para testemunhar a fé - Atos 4:31
59. Fortalece a perseverança na oração - Lucas 18:1-8
60. Desenvolve a sabedoria para tomar decisões sábias - Tiago 1:5
61. Liberta de pensamentos negativos e preocupações excessivas - Filipenses 4:8
62. Capacita para viver em santidade - 1 Pedro 1:15-16
63. Promove a confiança de que todas as coisas cooperam para o bem - Romanos 8:28
64. Aumenta a capacidade de perdoar aqueles que nos feriram - Mateus 6:12
65. Fortalece contra o desânimo e a desesperança - Isaías 40:31
66. Desenvolve a generosidade para com os necessitados - Mateus 25:35-40
67. Liberta da amargura e ressentimento - Efésios 4:31-32
68. Capacita para resistir à ansiedade e preocupação - 1 Pedro 5:7
69. Promove a renovação espiritual - Romanos 12:2
70. Aumenta a confiança em Deus em tempos de crise - Salmo 46:1-3
71. Fortalece a fé na provisão divina - Mateus 6:25-34

72. Desenvolve a paciência para aguardar a resposta de Deus - Salmo 40:1
73. Liberta da opressão espiritual - Efésios 6:12
74. Capacita para vencer a tentação - Mateus 26:41
75. Promove a renovação da mente - Romanos 12:2
76. Aumenta a confiança na fidelidade de Deus - Lamentações 3:22-23
77. Fortalece a coragem para enfrentar desafios - Deuteronômio 31:6
78. Desenvolve a compaixão pelos necessitados - Provérbios 14:21
79. Liberta do sentimento de culpa e condenação - Romanos 8:1
80. Capacita para vencer a batalha espiritual - Efésios 6:10-18
81. Promove a alegria mesmo em meio às tribulações - 2 Coríntios 6:10
82. Aumenta a confiança na proteção divina - Salmo 91:1-2
83. Fortalece a esperança na vida eterna - 1 João 5:13
84. Desenvolve a gratidão pelas bênçãos recebidas - Salmo 103:2-5
85. Liberta da opressão do pecado - Romanos 6:14
86. Capacita para enfrentar desafios com fé e coragem - Hebreus 11:6
87. Promove a reconciliação com Deus - 2 Coríntios 5:18-19
88. Aumenta a confiança na soberania de Deus - Isaías 46:9-10
89. Fortalece a comunhão com o corpo de Cristo - Efésios 4:15-16
90. Desenvolve a moderação e autocontrole - Gálatas 5:22-23
91. Liberta das amarras da culpa e vergonha - Romanos 8:1-2
92. Capacita para perdoar a si mesmo - 1 João 1:9
93. Promove a renovação espiritual - 2 Coríntios 4:16
94. Aumenta a confiança na direção de Deus - Salmo 32:8
95. Fortalece a fé para enfrentar tempos de incerteza - Provérbios 3:5-6
96. Desenvolve a bondade e a compaixão - Colossenses 3:12
97. Liberta do fardo da preocupação - Mateus 6:25-27
98. Capacita para viver em harmonia com os outros - Romanos 12:18
99. Promove a santificação e purificação do coração - 1 Pedro 1:22
100. Aumenta a confiança na provisão de Deus - Filipenses 4:19

De nada adianta possuirmos conhecimento sobre os inúmeros benefícios da oração se não os aplicarmos em nossa vida diária. A oração é uma ferramenta poderosa que Deus nos concedeu para nos conectarmos com Ele, buscar Sua direção e experimentar Seu amor e poder. No entanto, muitas vezes negligenciamos esse recurso valioso e acabamos perdendo os benefícios que ele pode trazer.

Quando fazemos uso efetivo da oração, nossa vida é transformada de maneiras surpreendentes. A oração nos permite comunicar nossas preocupações, anseios e gratidão a Deus. Ela nos traz paz em meio às tribulações, nos fortalece em momentos de fraqueza e nos lembra de que não estamos sozinhos em nossas jornadas.

Ao orarmos, colocamos nossa confiança em Deus e reconhecemos Sua soberania sobre todas as coisas. Isso nos liberta do peso da preocupação e nos ajuda a encontrar esperança e segurança em Sua vontade. Nossos corações são acalmados e nossas mentes são renovadas à medida que entregamos nossos fardos a Ele.

A oração também nos capacita a viver vidas centradas em Deus. Ela nos direciona para Sua Palavra, nos ensina a discernir Sua vontade e nos capacita a agir de acordo com Seus princípios. À medida que nos submetemos à Sua orientação, nossas escolhas se alinham com Seus propósitos, e experimentamos um maior senso de propósito e significado em nossa jornada.

Além disso, a oração nos conecta uns aos outros como membros do corpo de Cristo. Ao orarmos uns pelos outros, demonstramos amor, compaixão e apoio mútuo. Nossos relacionamentos são fortalecidos, e experimentamos a alegria de caminhar juntos como irmãos e irmãs na fé.

Quando fazemos uso da oração em nossa vida, vemos os frutos dessa prática manifestarem-se em nossa jornada espiritual. Somos transformados à imagem de Cristo, desenvolvemos um relacionamento mais profundo com Deus e somos capacitados a cumprir o propósito para o qual fomos criados. Nossa vida se torna um testemunho vivo do poder de Deus agindo em nós e através de nós.

Portanto, convido você a aplicar esses benefícios da oração em sua vida diária. Não deixe que o conhecimento fique apenas em sua mente, mas permita que ele se torne uma prática constante e intencional. Faça da oração um hábito em sua vida, buscando a presença de Deus em todos os momentos. Através da oração, você encontrará força, esperança, direção e transformação. Abra-se para essa poderosa ferramenta e testemunhe as maravilhas que Deus fará em sua vida.

SOBRE O AUTOR

Jamil de Azevedo Ribeiro:
Um Chamado Pastoral em Serviço ao Reino de Deus

Jamil de Azevedo Ribeiro nasceu em 5 de outubro de 1960, na cidade de Pariquera-Açu, no estado de São Paulo. Inicialmente, sua formação profissional o direcionou para a área contábil, mas seu coração foi chamado para o Ministério Pastoral no final da década de 80. Esse chamado o levou a uma jornada significativa de serviço ao Reino de Deus e ao cuidado do seu povo.

Nos anos de 1989 a 1991, Jamil foi pastor da Missão Batista Luso Brasileira em Miami, Flórida. Sua dedicação e compromisso com o ministério pastoral foram evidentes nesse período. Em seguida, pastoreou a Igreja Batista da Pedreira, na cidade de Registro, São Paulo, de 1992 a 1995, onde exerceu um papel fundamental no crescimento e na edificação da comunidade de fé.

Em 1995, Jamil desempenhou o papel de Coordenador Administrativo no Lar Batista de Crianças, na cidade de São Paulo, durante um ano. Essa experiência permitiu que ele enxergasse a importância do cuidado e amparo aos necessitados.

Após retornar aos Estados Unidos no final de 1996, o Pastor Jamil assumiu a liderança pastoral da congregação brasileira da "Iglesia Bautista Resurrección" em Miami, Flórida. Devido ao crescimento e à necessidade de se adequar à realidade da comunidade brasileira na época, foi decidida uma nova localização, unindo-se à Iglesia Bautista Canaã. Durante alguns anos, foram realizados dois cultos, um em português e outro em espanhol.

Com o desenvolvimento ministerial contínuo, surgiu a necessidade de um espaço maior. Foi então que ocorreu a fusão com a West Kendall Baptist Church, onde passaram a ser realizados três cultos aos domingos, inglês, português e espanhol. O Pastor Jamil atuou como parte da equipe pastoral da West Kendall até o ano de 2005, quando ele e sua família decidiram retornar ao Brasil. Durante este período compreendido entre 1996 e 2005, ele exerceu um ministério vibrante e acolhedor, sendo uma influência positiva para a comunidade brasileira que buscava apoio e amparo espiritual.

Em 2005, Jamil voltou para o Brasil, juntamente com sua família, e assumiu a liderança da Igreja Batista do Guatupê, em São José dos Pinhais, Paraná. Durante sete anos, ele pastoreou e guiou a comunidade local, compartilhando a mensagem transformadora do evangelho.

Em resposta a um chamado do Senhor, em 2012, Jamil, sua esposa e filha partiram para uma frente missionária em Lima, Peru, onde permaneceram até 2014. Nessa missão, eles estabeleceram um trabalho significativo, promovendo a obra de missões e expandindo o alcance do evangelho naquela região.

Em 2015, Jamil retornou a Miami, onde atualmente exerce o ministério pastoral como Pastor Hispano-Brasileiro na Riverside Baptist Church, na Flórida. Sua dedicação e liderança têm sido fundamentais para o crescimento e fortalecimento da comunidade de fé local.

Jamil é casado com Elzeli Ribeiro e juntos têm três filhos abençoados: Heredes e Higor, que também seguiram a vocação pastoral, e Sarah Rebeca, uma missionária que iniciou a obra missionária no Peru e continua ativa com o apoio do ministério atual na Riverside. Além disso, eles têm o privilégio de serem avós de doze netos, uma verdadeira bênção em suas vidas.

Durante seu tempo de ministério, Jamil e sua esposa têm se dedicado ao importante ministério de aconselhamento para casais, reconhecendo a necessidade de fortalecer os relacionamentos matrimoniais à luz dos princípios bíblicos. Eles têm investido tempo e energia realizando encontros e retiros de casais, proporcionando um ambiente propício para a cura, renovação e fortalecimento dos laços conjugais.

Além disso, Jamil busca constantemente aprimorar seus conhecimentos teológicos e seu entendimento das Escrituras. Atualmente, ele está cursando o Mestrado em Teologia no renomado New Orleans Theological Baptist Seminary, localizado na cidade de New Orleans, Louisiana. Essa busca por aprofundamento acadêmico reflete seu desejo de se capacitar ainda mais para servir à comunidade cristã e oferecer um aconselhamento embasado e relevante aos casais que procuram orientação.

A decisão de prosseguir seus estudos teológicos demonstra o compromisso do Pastor Jamil em crescer em seu conhecimento de Deus e em sua compreensão das verdades fundamentais da fé cristã. Ele reconhece a importância de estar bem fundamentado nas Escrituras e buscar a sabedoria divina para guiar e aconselhar efetivamente aqueles que buscam seu auxílio.

Através de sua dedicação ao ministério de aconselhamento para casais e de seu empenho em seu crescimento acadêmico, o Pastor Jamil exemplifica a importância de um constante aprendizado e desenvolvimento ministerial. Sua busca por conhecimento teológico e seu investimento no bem-estar dos casais refletem sua paixão por ajudar as pessoas a encontrar o propósito e a plenitude nos relacionamentos conjugais à luz dos princípios bíblicos.

Com seu ministério e seu percurso acadêmico, Jamil de Azevedo Ribeiro inspira outros líderes e casais a se dedicarem ao crescimento espiritual, emocional e relacional. Sua atuação demonstra que o ministério de aconselhamento para casais é uma ferramenta valiosa para fortalecer os laços matrimoniais e promover relacionamentos saudáveis e duradouros, ancorados nos princípios cristãos.

Que o testemunho do Pastor Jamil inspire outros a buscarem a excelência no ministério e a se capacitarem continuamente para servir com sabedoria e compaixão, levando esperança e transformação aos casais que enfrentam desafios e buscam a restauração e o crescimento em seus relacionamentos.

Jamil & Elzeli Ribeiro

Família Completa

Made in the USA
Columbia, SC
23 June 2023